Gwneud

Ⓑ Gwasg Bryntirion ©
Argraffiad cyntaf, 2011
ISBN 978-1-85049-242-9

Cynlluniwyd y gyfrol gan Catrin James

Cyhoeddwyd gan Wasg Bryntirion
Bryntirion, Pen-y-bont ar Ogwr CF31 4DX
www.yffordd.org

Argraffwyd gan Argraffwyr MSL, Pontypŵl

Dyfyniadau Beiblaidd allan o'r Beibl Cymraeg Newydd
(argraffiad diwygiedig © Cymdeithas y Beibl 2004)
biblesociety.org.uk
- defnyddir drwy ganiatâd.

Gwneud

Darllen a deall y newyddion
da am y Brenin Iesu

Emyr James

CYNNWYS

RHAGAIR

Bwriad y llyfr hwn yw helpu Cristnogion ifainc i wneud yr hyn mae llawer o Gristnogion hŷn yn ei gael yn anodd, sef darllen a deall y Beibl. Wrth fynd trwy'r llyfr fe fyddwch yn darganfod eich bod wedi darllen Efengyl Marc mewn fawr o dro.

Yn y llyfr hwn mae Efengyl Marc wedi ei rhannu yn 55 o astudiaethau eithaf byr. Y bwriad yw eich bod yn darllen dau dudalen y dydd, sy'n cynnwys darlleniad o'r Beibl ei hun, sylwadau ar y darlleniad hwnnw, pedwar cwestiwn i chi feddwl amdanynt, ac awgrym am rywbeth i weddïo amdano.

Cyn i chi ddechrau darllen, mae yna ddau derm sy'n ymddangos yn aml ac sydd felly yn werth eu hesbonio, sef 'Mab y Dyn' a 'Teyrnas Dduw'. Mae'r teitl 'Mab y Dyn' yn ymddangos ym mhennod 7 o broffwydoliaeth Daniel yn yr Hen Destament. Yno, mae Daniel yn gweld pedwar anghenfil sy'n cynrychioli pedwar brenin pwerus a'u pobl. Mae'r rhain yn ymosod ar bobl Dduw hyd nes bod Duw yn eu barnu a'u dinistrio. Yna mae Daniel yn gweld Brenin arall yn dod, Mab y Dyn, sy'n derbyn awdurdod dros bob dim. Mae Iesu'n dweud mai ef yw'r Brenin hwnnw. Ond mae brenin ond yn frenin mewn gwirionedd os yw e'n rheoli rhywbeth. Yr hyn mae Iesu'n ei reoli yw Teyrnas Dduw. Er bod Duw yn rheoli dros bob peth, mae pechod ac effeithiau pechod yn dal i fodoli yn y byd hwn. Wrth i Iesu ddod yn Frenin dros fywydau pobl, mae'n dad-wneud y pethau hynny (drygioni, afiechyd a marwolaeth) ac yn dechrau creadigaeth newydd (yn llawn daioni, iechyd a bywyd).

Hoffwn ddiolch i bawb sydd wedi gwneud cyhoeddi'r gyfrol hon yn bosib. Fy ngweddi yw y bydd Duw yn ei defnyddio er mwyn dwyn clod i Iesu Grist, y Brenin.

- Emyr James

1 - Y BRENIN

∞

Dechrau Efengyl Iesu Grist, Mab Duw. Fel y mae'n ysgrifenedig yn y proffwyd Eseia:

"Wele fi'n anfon fy nghennad o'th flaen i baratoi dy ffordd. Llais un yn galw yn yr anialwch, Paratowch ffordd yr Arglwydd, unionwch y llwybrau iddo' " –

ymddangosodd Ioan Fedyddiwr yn yr anialwch yn cyhoeddi bedydd edifeirwch yn foddion maddeuant pechodau. Ac yr oedd holl wlad Jwdea, a holl drigolion Jerwsalem, yn mynd allan ato, ac yn cael eu bedyddio ganddo yn afon Iorddonen, gan gyffesu eu pechodau. Yr oedd Ioan wedi ei wisgo mewn dillad o flew camel a gwregys o groen am ei ganol, a locustiaid a mêl gwyllt oedd ei fwyd. A dyma'i genadwri: "Y mae un cryfach na mi yn dod ar f'ôl i. Nid wyf fi'n deilwng i blygu a datod carrai ei sandalau ef. Â dwr y bedyddiais i chwi, ond â'r Ysbryd Glân y bydd ef yn eich bedyddio." ∞

GEIRIAU ANODD:

Efengyl:	Newyddion da.
Proffwyd:	Person sy'n dod â neges oddi wrth Dduw.
Cennad:	Person sy'n cyhoeddi neges.
Edifeirwch:	Sylweddoli eich bod chi wedi gwneud pethau anghywir a throi i ffwrdd o'r hen ffordd o fyw.
Moddion:	Cyfrwng.
Pechodau:	Pethau rydym ni'n eu gwneud sydd yn erbyn cyfraith Duw.
Bedyddio:	Seremoni lle mae rhywun yn cael ei drochi â dŵr.
Locustiaid:	Math o bry, tebyg i geiliog y rhedyn.
Cenadwri:	Neges neu gyhoeddiad.

CWESTIWN 1: Pa fath o bethau sy'n dod i'ch meddwl wrth glywed y gair 'Brenin'?

CWESTIWN 2: Edrychwch ar y ffordd mae Ioan yn cael ei ddisgrifio. Pa fath o berson ydych chi'n meddwl oedd e?

Pan fydd pobl bwysig yn ymweld â dinas, dydych chi ddim yn disgwyl iddyn nhw droi lan heb unrhyw rybudd. Dychmygwch petai eich arwr yn dod i'ch tŷ heb roi gwybod o flaen llaw – fyddech chi ddim yn barod ar ei gyfer.

Mae hyn yn arbennig o wir wrth sôn am frenin neu frenhines. Rydych chi'n disgwyl y bydd rhywun yn mynd o'u blaen, efallai yn chwarae offeryn neu yn gweiddi – fel bod pawb yn gwybod eu bod ar fin cyrraedd ac yn barod i'w croesawu.

Dyma'r union ffordd mae Marc yn dechrau ei lyfr o newyddion da fod Iesu Grist, mab Duw, yn dod i'r byd. Roedd yr Israeliaid, pobl Dduw, wedi bod yn aros ers amser hir am berson y byddai Duw'n ei anfon i'w hachub nhw. Yn awr, o'r diwedd, **mae wedi cyrraedd.** Fel unrhyw frenin, mae Iesu yn anfon rhywun o'i flaen i baratoi'r ffordd. Dyna mae Ioan Fedyddiwr yn ei wneud. Mae'n galw ar bawb i sylweddoli eu bod wedi byw mewn ffordd sydd yn erbyn Duw ac i ddweud sori am hynny. Yna mae'n eu bedyddio fel arwydd eu bod wedi cael eu golchi'n lân y tu mewn, fod Duw wedi maddau eu pechodau.

Ond dydy Ioan ddim yn edrych fel cennad arferol, nac ydi? Mae popeth amdano, hyd yn oed ei ddillad a'i fwyd, yn dangos ei fod wedi rhoi lan popeth er mwyn gwasanaethu Duw. A rhag ofn fod pobl yn camddeall pwy yw e, mae'n dweud yn glir ei fod e yn paratoi'r ffordd ar gyfer rhywun llawer mwy arbennig nag ef, rhywun fyddai'n gallu gweithio ar galonnau pobl trwy'r Ysbryd Glân a newid eu bywydau yn llwyr. Pwy arall fyddai'n gallu gwneud hyn ond Brenin yr holl fyd?

CWESTIWN 3: Wrth feddwl am y math o ddyn oedd Ioan, beth ydych chi'n meddwl mae hyn yn ei ddweud wrthym am y Brenin sydd ar fin dod?

CWESTIWN 4: Petaech chi'n clywed bod eich arwr yn dod i'ch gweld, sut fyddai hynny'n gwneud ichi deimlo? Beth ddylai ein hymateb ni fod wrth feddwl fod Iesu Grist, mab Duw, y Brenin mawr, ar ei ffordd?

GWEDDÏWCH y bydd Duw yn dangos i chi bod angen dweud sori am eich pechod, a gofyn am help wrth geisio dilyn y Brenin.

MARC 1⁹⁻¹⁵

Yn y dyddiau hynny daeth Iesu o Nasareth Galilea, a bedyddiwyd ef yn afon Iorddonen gan Ioan. Ac yna, wrth iddo godi allan o'r dŵr, gwelodd y nefoedd yn rhwygo'n agored a'r Ysbryd fel colomen yn disgyn arno. A daeth llais o'r nefoedd: "Ti yw fy Mab, yr Anwylyd; ynot ti yr wyf yn <u>ymhyfrydu</u>."

Ac yna gyrrodd yr Ysbryd ef ymaith i'r <u>anialwch</u>, a bu yn yr anialwch am ddeugain diwrnod yn cael ei demtio gan <u>Satan</u>. Yr oedd yng nghanol yr anifeiliaid gwylltion, a'r <u>angylion</u> oedd yn gweini arno.

Wedi i Ioan gael ei garcharu daeth Iesu i Galilea gan gyhoeddi Efengyl Duw a dweud: "Y mae'r amser wedi ei gyflawni ac y mae teyrnas Dduw wedi dod yn agos. Edifarhewch a chredwch yr Efengyl."

GEIRIAU ANODD:

Ymhyfrydu: Cael pleser.

Anialwch: Ardal sych, anghyfforddus, heb lawer o ddŵr na thyfiant.

Satan: Arweinydd yr angylion a drodd yn erbyn Duw.

Angylion: Negeswyr Duw.

CWESTIWN 1: Pa bethau rhyfedd a ddigwyddodd ym medydd Iesu oedd yn wahanol i fedydd pawb arall?

CWESTIWN 2: Pan ydych chi'n paratoi ar gyfer rhywbeth anodd fel prawf neu gystadleuaeth, pa fath o bethau sy'n eich helpu?

Yn awr, gan fod Ioan wedi paratoi'r ffordd, mae'n amser i Iesu ddechrau ar ei waith, ac mae'n dechrau yn y ffordd fwyaf rhyfeddol. Tra oedd y bobl eraill yn dod i edifarhau am eu pechodau a chael eu bedyddio, mae rhywbeth gwahanol iawn yn digwydd i Iesu. Wrth iddo ddod allan o'r dŵr mae Duw yn dweud ei fod wrth ei fodd gyda Iesu. Yn y geiriau hyn mae Duw yn dangos i ni rywbeth oedd heb ei wneud yn glir yn y gorffennol. Wrth i Dduw'r Ysbryd Glân ddisgyn o'r nefoedd mae llais Duw'r Tad yn canmol Duw'r Mab. Beth sy'n dechrau dod yn glir yma yw, er mai dim ond un Duw sydd, fod Duw yn bodoli fel tri pherson – Tad, Mab ac Ysbryd Glân – ac eto dim ond un Duw sydd. Mae'r syniad yma y tu hwnt i ni mewn gwirionedd oherwydd fel pobl allwn ni fyth deall Duw yn llwyr.

Ar ôl y profiad hyfryd o glywed llais ei Dad yn rhoi clod iddo, mae Iesu yn cael ei anfon gan yr Ysbryd i'r anialwch. Yn y lle diflas hwnnw fe dreuliodd Iesu dros fis yn cael ei demtio gan y diafol. Pam yr oedd angen i hyn ddigwydd? Yn gyntaf roedd Iesu'n dangos ei fod yn gallu llwyddo i wrthod temtasiwn hyd yn oed mewn anialwch, yn wahanol i Adda y dyn cyntaf, a bechodd pan oedd mewn gardd hyfryd. Yn ail, roedd Iesu'n dangos ei fod yn llwyddo lle roedd yr Israeliaid wedi methu pan oedden nhw yn yr anialwch ar ôl gadael yr Aifft. Yn drydydd, roedd y cyfnod hwn o brofi yn paratoi Iesu ar gyfer y blynyddoedd caled o waith oedd ganddo o'i flaen – gwaith a fyddai'n arwain at ei farwolaeth ar y groes.

CWESTIWN 3: Pam mae e'n gysur i ni feddwl fod Iesu wedi cael ei demtio ym mhob ffordd bosib, ond eto heb bechu?

CWESTIWN 4: Ym mha ffyrdd mae Duw yn gallu defnyddio cyfnodau anodd yn ein bywyd er mwyn ein paratoi i wneud ei waith?

GWEDDIWCH y bydd Duw'r Tad, y Mab a'r Ysbryd Glân yn eich helpu i ddeall y Beibl, i ddibynnu ar gryfder Iesu Grist ac i gredu fod pob sefyllfa er eich lles ac yn eich paratoi i'r dyfodol.

Wrth gerdded ar lan Môr Galilea gwelodd Iesu Simon a'i frawd Andreas yn bwrw rhwyd i'r môr; pysgotwyr oeddent. Dywedodd Iesu wrthynt, "Dewch ar fy ôl i, ac fe'ch gwnaf yn bysgotwyr dynion." A gadawsant eu rhwydau ar unwaith a'i ganlyn ef. Wedi iddo fynd ymlaen ychydig gwelodd Iago fab Sebedeus ac Ioan ei frawd; yr oeddent wrthi'n <u>cyweirio'r</u> rhwydau yn y cwch. Galwodd hwythau ar unwaith, a chan adael eu tad Sebedeus yn y cwch gyda'r gweision, aethant ymaith ar ei ôl ef.

Daethant i Gapernaum, ac yna, ar y <u>Saboth</u>, aeth ef i mewn i'r <u>synagog</u> a dechrau dysgu. Yr oedd y bobl yn synnu at yr hyn yr oedd yn ei ddysgu, oherwydd yr oedd yn eu dysgu fel un ag awdurdod ganddo, ac nid fel yr <u>ysgrifenyddion</u>. Yn eu synagog yr oedd dyn ag <u>ysbryd aflan</u> ynddo. Gwaeddodd hwnnw, gan ddweud, "Beth sydd a fynni di â ni, Iesu o Nasareth? A wyt ti wedi dod i'n difetha ni? Mi wn pwy wyt ti – <u>Sanct</u> Duw." Ceryddodd Iesu ef â'r geiriau: "Taw, a dos allan ohono." A chan ei ysgytian a rhoi bloedd uchel, aeth yr ysbryd aflan allan ohono. Syfrdanwyd pawb, nes troi a holi ei gilydd, "Beth yw hyn? Dyma ddysgeidiaeth newydd ac iddi awdurdod! Y mae hwn yn gorchymyn hyd yn oed yr ysbrydion aflan, a hwythau'n ufuddhau iddo." Ac aeth y sôn amdano ar led ar unwaith trwy holl gymdogaeth Galilea.

GEIRIAU ANODD:

Cyweirio:	Trwsio.
Saboth:	Seithfed diwrnod yr wythnos, pan fyddai'r Iddewon yn gorffwys o'u gwaith ac yn mynd i'r synagog lleol i addoli Duw. Dydd Sadwrn i ni.
Synagog:	Adeilad lle roedd yr Iddewon yn cwrdd i addoli.
Ysgrifenyddion:	Arweinwyr crefyddol Iddewig.
Ysbryd aflan:	Un o'r angylion drwg a ddilynodd Satan a throi yn erbyn Duw.
Sanct:	Person neu beth sydd wedi ei neilltuo yn arbennig i wasanaethu Duw.

CWESTIWN 1: Beth ydych chi'n meddwl a gostiodd i'r disgyblion hyn ddilyn Iesu Grist?

CWESTIWN 2: Os oes rhywun yn dweud wrthoch chi i wneud rhywbeth, beth sydd yn gwneud i chi wrando ac ufuddhau iddyn nhw?

Mae un gair yn ein helpu i ddeall beth sydd yn digwydd yn yr adnodau hyn – awdurdod. Rydym yn fwy tebygol o wrando ar rywun os oes ganddyn nhw awdurdod. Er enghraifft, mae'n siŵr y byddai'r rhan fwyaf ohonom yn gwrando ar yr hyn mae plismon yn ei ddweud. Pan mae'r Brenin Iesu yn siarad, nid dod â neges Duw yn unig mae e, ond mae ganddo hefyd awdurdod Duw ei hun. Rydym yn gweld hyn yn gyntaf yn y ffordd mae'n galw Simon, Andreas, Iago ac Ioan i fod yn ddisgyblion iddo. Heb gwestiynu, maen nhw'n ymateb yn syth ac yn ufuddhau. Er nad ydyn nhw'n gwybod beth i'w ddisgwyl, ac er bod dilyn Iesu yn golygu gadael eu gwaith a hyd yn oed eu teuluoedd, roedden nhw'n gweld fod yn rhaid iddyn nhw wrando ar Iesu Grist.

Yna, wrth iddo ddysgu'r bobl yn y synagog, roedden nhw'n gallu gweld fod rhywbeth yn wahanol amdano fe a'r ffordd roedd e'n egluro gair Duw iddyn nhw. Yr un awdurdod sydd ar waith eto wrth i Iesu ddelio â'r ysbryd aflan. Roedd yr ysbryd yn gwybod yn iawn pwy oedd Iesu Grist, a doedd dim dewis ganddo chwaith ond ufuddhau i'r hyn roedd Iesu yn ei orchymyn.

Mae hyn yn ein hatgoffa ni, y bydd pawb un dydd yn gweld ac yn cydnabod awdurdod Iesu Grist. Ond fel rydym ni wedi gweld gyda'r ysbryd aflan, dydy deall pwy yw Iesu ddim yn golygu ein bod ni wedi edifarhau ac wedi credu'r newyddion da.

CWESTIWN 3: Oes pethau yn ein bywyd ni y mae'n rhaid i ni droi cefn arnyn nhw er mwyn Iesu Grist?

CWESTIWN 4: Wrth glywed am y pethau anhygoel roedd Iesu'n eu gwneud, roedd y bobl i gyd yn siarad amdano. Ydyn ni yr un mor awyddus i rannu â phobl eraill beth mae Iesu wedi'i wneud yn ein bywydau ni?

GWEDDÏWCH y bydd Duw yn rhoi gostyngeiddrwydd i chi dderbyn fod awdurdod ganddo dros yr holl fyd a thros eich bywyd chi. Gofynnwch iddo eich helpu i beidio â bod yn falch, ond i ufuddhau iddo ym mhob peth mae'n ei ofyn, dim ots beth yw'r gost.

MARC 1[29-39]

Ac yna, wedi dod allan o'r synagog, aethant i dŷ Simon ac Andreas gydag Iago ac Ioan. Ac yr oedd mam-yng-nghyfraith Simon yn gorwedd yn wael dan dwymyn. Dywedasant wrtho amdani yn ddi-oed; aeth yntau ati a gafael yn ei llaw a'i chodi. Gadawodd y dwymyn hi, a dechreuodd hithau weini arnynt. Gyda'r nos, a'r haul wedi machlud, yr oeddent yn dwyn ato yr holl gleifion, a'r rhai oedd wedi eu meddiannu gan gythreuliaid. Ac yr oedd yr holl dref wedi ymgynnull wrth y drws. Iachaodd ef lawer oedd yn glaf dan amrywiol afiechydon, a bwriodd allan lawer o gythreuliaid, ac ni adawai i'r cythreuliaid ddweud gair, oherwydd eu bod yn ei adnabod.

Bore trannoeth yn gynnar iawn, cododd ef ac aeth allan. Aeth ymaith i le unig, ac yno yr oedd yn gweddïo. Aeth Simon a'i gymdeithion i chwilio amdano; ac wedi dod o hyd iddo dywedasant wrtho, "Y mae pawb yn dy geisio di." Dywedodd yntau wrthynt, "Awn ymlaen i'r trefi nesaf, imi gael pregethu yno hefyd; oherwydd i hynny y deuthum allan." Ac fe aeth drwy holl Galilea gan bregethu yn eu synagogau hwy a bwrw allan gythreuliaid.

GEIRIAU ANODD:

Twymyn:	Math o salwch.
Di-oed:	Yn syth.
Cythreuliaid:	Gair arall am ysbrydion aflan, yr angylion drwg.
Cymdeithion:	Ffrindiau, neu rywrai eraill sydd yn cadw cwmni i chi.

CWESTIWN 1: Beth ydyn ni'n ei weld yw'r blaenoriaethau ym mywyd Iesu?

CWESTIWN 2: Ym mha ffyrdd mae'r pethau mae Iesu yn eu gwneud yn dangos i ni pwy yw e?

Yn barod yn ei lyfr o newyddion da am Iesu Grist mae Marc wedi dangos i ni fod rhywbeth gwahanol iawn am Iesu. *Roedd ganddo awdurdod a phŵer arbennig.* Yn yr hanes yma rydym yn gweld fod awdurdod y Brenin hwn i helpu pobl ddim yn ysbrydol yn unig, ond ei fod hefyd yn gallu eu gwella o salwch. Ar ôl iddo iacháu aelod o deulu Simon, fe glywodd y dref i gyd. Cyn gynted ag yr oedd y Saboth wedi gorffen ffurfiodd rhes y tu allan i'r tŷ o bobl a oedd angen help.

O feddwl fod Iesu'n gallu gwneud y pethau hyn i gyd mor dda, efallai bydden ni'n disgwyl mai dyma sut fyddai'n treulio ei holl amser. Ond nid dyna sy'n digwydd. Mae'n dod yn amlwg, er bod hyn yn waith pwysig iawn, fod pethau eraill mae Iesu yn eu cyfrif yn bwysicach.

Er mae'n siŵr ei fod wedi bod lan yn hwyr yn iacháu a bwrw allan cythreuliaid, mae'n dechrau'r diwrnod gan godi cyn bod unrhyw un yn gallu dod ato a mynd i weddïo. Mae'n gwneud yn siŵr fod amser ganddo i siarad â'i Dad. Yna, pan mae ei ddilynwyr yn dod i chwilio amdano a dweud bod mwy o bobl eisiau ei weld, mae Iesu'n dweud mai'r gwaith pwysicaf sydd ganddo i'w wneud yw pregethu. Roedd Iesu'n gwybod fod gan y bobl broblem *fwy* na iechyd corfforol. Felly'r peth pwysicaf roedd Iesu yn gallu ei wneud drostyn nhw oedd gweddïo a phregethu. Dyna oedd ei flaenoriaeth. Beth amdanom ni?

CWESTIWN 3: Wrth edrych ar yr hyn a wnaeth mam-yng-nghyfraith Simon, beth mae hyn yn awgrymu y dylai ein hymateb ni fod?

CWESTIWN 4: Ydyn ni'n gweld mai'r peth pwysicaf y gallwn ni ei wneud dros bobl yw gweddïo a siarad â nhw am Iesu Grist?

GWEDDÏWCH am nerth i drefnu amser rheolaidd i siarad â Duw mewn gweddi. Gofynnwch am gyfleon i rannu â phobl pwy yw Iesu Grist a pham y mae e'n bwysig.

5-CYFNEWID LLEOEDD

MARC 1[40-45]

Daeth dyn <u>gwahanglwyfus</u> ato ac <u>erfyn</u> arno ar ei liniau a dweud, "Os mynni, gelli fy nglanhau." A chan <u>dosturio</u> estynnodd ef ei law a chyffwrdd ag ef a dweud wrtho, "Yr wyf yn mynnu, glanhaer di." Ymadawodd y gwahanglwyf ag ef ar unwaith, a glanhawyd ef. Ac wedi ei rybuddio'n llym gyrrodd Iesu ef ymaith ar ei union, a dweud wrtho, "Gwylia na ddywedi ddim wrth neb, ond dos a dangos dy hun i'r <u>offeiriad</u>, ac <u>offryma</u> dros dy lanhad yr hyn a orchmynnodd Moses, yn dystiolaeth gyhoeddus." Ond aeth yntau allan a dechrau rhoi'r hanes i gyd ar goedd a'i daenu ar led, fel na allai Iesu mwyach fynd i mewn yn agored i unrhyw dref. Yr oedd yn aros y tu allan, mewn <u>lleoedd</u> unig, ac eto yr oedd pobl yn dod ato o bob cyfeiriad.

GEIRIAU ANODD:

Gwahanglwyf: Salwch difrifol sydd yn effeithio'r nerfau a'r croen.

Erfyn: Gofyn yn daer.

Tosturio: Teimlo trueni dros rywun.

Offeiriad: Arweinydd crefyddol Iddewig oedd yn gwasanaethu yn y deml.

Offrwm: Aberth i Dduw.

Lleoedd: Mannau.

CWESTIWN 1: Ydych chi erioed wedi teimlo'n unig a heb lawer o ffrindiau?

CWESTIWN 2: Pam ydych chi'n meddwl fod Iesu mor awyddus i bobl beidio â dweud yn gyhoeddus pwy yw e?

Er mwyn deall yr hanes yma'n iawn mae'n rhaid gwybod ychydig am y salwch roedd y dyn yn dioddef ohono. Salwch sydd yn effeithio'r nerfau ydyw, sy'n golygu fod modd brifo eich hunan heb sylweddoli. Oherwydd fod modd dal y salwch gan eraill, roedd pobl oedd yn dioddef yn cael eu gorfodi i fyw yn bell o bobl eraill, ar wahân i'r gymdeithas, heb ddim cyswllt bron.

Pan ddaeth y person hwn at Iesu, mae'n debygol iawn y byddai pawb arall wedi rhedeg i ffwrdd, neu o leiaf wedi cadw draw. Ond edrychwch ar y ffordd hyfryd mae Iesu'n ymateb. Dydy e ddim yn tynnu yn ôl. Mae'n gwneud y gwrthwyneb – yn cyffwrdd y dyn. Doedd y dyn yma siŵr o fod heb deimlo person arall yn cyffwrdd ag ef ers amser hir. Trwy eiriau Iesu, mae'n cael ei wella'n syth.

Doedd Iesu ddim am i bobl wybod pwy oedd e nes bod yr amser cywir yn dod, felly mae'n gofyn i'r dyn gadw'n dawel am ei brofiad, ond mae e'n methu. Mae'n rhannu ag unrhywun sy'n fodlon gwrando. Canlyniad hyn yw fod Iesu nawr, oherwydd sylw'r bobl, ddim yn gallu mynd i mewn i'r trefi, ac yn gorfod aros mewn ardaloedd unig – yr union lefydd y byddai'r dyn wedi cael ei orfodi i fyw ynddynt. Mae Iesu yma wedi cyfnewid lle â'r dyn er mwyn iddo fe gael ei iacháu. Mae'r hyn sy'n digwydd yn debyg i beth welwn ni pan mae Iesu'n marw ar y groes, gan ddioddef barn Duw yn ein lle ni.

CWESTIWN 3: Sut ydych chi'n meddwl y byddai'r digwyddiadau hyn wedi gwneud i'r dyn gwahanglwyfus deimlo?

CWESTIWN 4: Sut ddylai cariad Crist fan hyn newid y ffordd rydym ni'n trin pobl eraill? Pa fath o bobl mae ein cymdeithas ni yn eu hystyried yn frwnt ac yn ceisio cadw draw oddi wrthynt?

GWEDDIWCH y bydd Duw yn eich helpu i garu pobl eraill dim ots pwy ydyn nhw, gan roi eu hanghenion nhw cyn eich rhai chi.

MARC 2$^{1-12}$

Pan ddychwelodd i Gapernaum ymhen rhai dyddiau, aeth y newydd ar led ei fod gartref. Daeth cynifer ynghyd fel nad oedd mwyach le i neb hyd yn oed wrth y drws. Ac yr oedd yn llefaru'r gair wrthynt. Daethant â dyn wedi ei <u>barlysu</u> ato, a phedwar yn ei gario. A chan eu bod yn methu dod â'r claf ato oherwydd y dyrfa, agorasant do'r tŷ lle'r oedd, ac wedi iddynt dorri trwodd dyma hwy'n gollwng i lawr y fatras yr oedd y claf yn gorwedd arni. Pan welodd Iesu eu ffydd hwy dywedodd wrth y claf, "Fy mab, <u>maddeuwyd</u> dy bechodau." Ac yr oedd rhai o'r ysgrifenyddion yn eistedd yno ac yn meddwl ynddynt eu hunain, "Pam y mae hwn yn siarad fel hyn? Y mae'n <u>cablu</u>. Pwy ond Duw yn unig a all faddau pechodau?" Deallodd Iesu ar unwaith yn ei ysbryd eu bod yn meddwl felly ynddynt eu hunain, ac meddai wrthynt, "Pam yr ydych yn meddwl pethau fel hyn ynoch eich hunain? Prun sydd hawsaf, ai dweud wrth y claf, 'Maddeuwyd dy bechodau', ai ynteu dweud, 'Cod, a chymer dy fatras a cherdda'? Ond er mwyn i chwi wybod fod gan <u>Fab y Dyn</u> awdurdod i faddau pechodau ar y ddaear" – meddai wrth y claf, "Dyma fi'n dweud wrthyt, cod, a chymer dy fatras a dos adref." A chododd y dyn, cymryd ei fatras ar ei union a mynd allan yn eu gŵydd hwy oll, nes bod pawb yn synnu ac yn gogoneddu Duw gan ddweud, "Ni welsom erioed y fath beth."

GEIRIAU ANODD:

Parlysu:	Ddim yn gallu symud.
Maddeuwyd:	Wedi maddau.
Cablu:	Dweud rhywbeth yn erbyn Duw.
Mab y Dyn:	Teitl o'r Hen Destament mae Iesu'n ei ddefnyddio ar ei gyfer ei hun. Edrychwch ar Daniel 7.

CWESTIWN 1: Sut mae ffydd y dynion yn y stori yn ei hamlygu ei hun?

CWESTIWN 2: Sut fyddech chi'n teimlo petai pobl eraill yn gwybod beth oedd yn mynd trwy'ch meddwl?

Dyma'r ail dro rydym ni wedi gweld pobl yn rhyfeddu at Iesu. Hyd yn hyn, er ei fod wedi gwneud sawl peth anhygoel, dydy e ddim wir wedi dangos yn amlwg ei fod yn wahanol i rai o weision Duw yn y gorffennol. Ond yn y stori hon rydym yn ei weld yn gwneud rhywbeth hollol newydd – rhywbeth mai dim ond Duw sydd yn gallu ei wneud. Mae'n edrych ar y dyn yma oedd mewn sefyllfa mor drist, yn gobeithio cael ei iacháu, ac mae'n dweud wrtho ei fod wedi cael maddeuant am *bob peth* mae e erioed wedi ei wneud yn erbyn Duw. Roedd hyn yn beth enfawr i'w ddweud, oherwydd os pechod yw byw mewn ffordd sydd ddim yn plesio Duw, yna dim ond Duw sy'n gallu cynnig maddeuant. Beth mae Iesu yn ei ddweud yma yw fod ganddo'r hawl i faddau ac felly mai ef yw Duw. Am y tro cyntaf rydym yn gweld Iesu'n defnyddio ei hoff deitl amdano'i hun, sef Mab y Dyn. Mae'r teitl hwn o'r Hen Destament yn cyfeirio at y ffordd roedd Duw wedi dangos i'r proffwyd Daniel y byddai'n anfon Brenin i deyrnasu ar ei bobl a choncro pob gelyn.

Mewn ffordd roedd hyn yn beth rhwydd i'w ddweud achos fyddai neb yn gallu profi'r peth. Ond mae dau beth yn y stori sy'n dangos fod Iesu'n dweud y gwir. Yn gyntaf, trwy wella'r dyn mae'n dangos fod ganddo awdurdod oddi wrth Dduw. Fyddai Duw ddim yn caniatáu iddo wneud gwyrthiau yn ei enw ef os oedd e'n dweud celwydd. Ond mae hefyd yn dangos fod ganddo allu arall sydd gan Dduw, sef gwybod beth roedd yr ysgrifenyddion yn ei feddwl. Mae hyn yn gwneud yr holl beth yn fwy rhyfeddol fyth. Mae'n dangos fod Iesu yn gwybod y cyfan sydd yn ein calonnau ni, yr holl bethau hynny rydym ni'n gallu eu cuddio oddi wrth bawb arall, ond er hyn mae'n dal yn fodlon maddau i ni os ydym yn gofyn iddo.

CWESTIWN 3: Pa gysur ydyn ni'n ei gael o wybod fod Iesu yn Frenin ar ei bobl ac yn gallu curo pob gelyn?

CWESTIWN 4: Ydych chi'n meddwl eich bod wedi gwneud rhywbeth sy'n rhy wael i Iesu ei faddau?

GWEDDIWCH y bydd Duw yn rhoi ffydd i chi weld fod gan Iesu awdurdod i faddau pechodau ac mai dyna'r peth rydych chi ei angen yn fwy na dim.

MARC 2¹³⁻¹⁷

Aeth allan eto i lan y môr; ac yr oedd yr holl dyrfa'n dod ato, ac yntau'n eu dysgu hwy. Ac wrth fynd heibio gwelodd Lefi fab Alffeus yn eistedd wrth y <u>dollfa</u>, a dywedodd wrtho, "Canlyn fi." Cododd yntau a chanlynodd ef. Ac yr oedd wrth bryd bwyd yn ei dŷ, ac yr oedd llawer o <u>gasglwyr trethi</u> ac o bechaduriaid yn cydfwyta gyda Iesu a'i ddisgyblion - oherwydd yr oedd llawer ohonynt yn ei ganlyn ef. A phan welodd yr ysgrifenyddion o blith y <u>Phariseaid</u> ei fod yn bwyta gyda'r pechaduriaid a'r casglwyr trethi, dywedasant wrth ei ddisgyblion, "Pam y mae ef yn bwyta gyda chasglwyr trethi a phechaduriaid?" Clywodd Iesu, a dywedodd wrthynt, "Nid ar y cryfion, ond ar y <u>cleifion</u>, y mae angen meddyg; i alw pechaduriaid, nid rhai cyfiawn, yr wyf fi wedi dod."

GEIRIAU ANODD:

Tollfa:	Man lle roedd pobl yn talu trethi.
Casglwyr trethi:	Pobl oedd yn casglu arian i'r Rhufeiniaid.
Phariseaid:	Arweinwyr crefyddol Iddewig.
Cleifion:	Pobl sâl.

CWESTIWN 1: Petaech chi'n cael bod yn ffrindiau ag unrhywun yn y byd, pa fath o berson fyddech chi'n ei ddewis?

CWESTIWN 2: Wrth edrych arnoch chi eich hun, fyddech chi'n dweud eich bod chi'n berson cryf neu'n berson gwan, yn iach neu'n sâl, yn bechadur neu'n berson cyfiawn?

Oes rhywun erioed wedi gofyn y cwestiwn i chi, 'Petaech chi'n gallu cael pryd bwyd gyda unrhyw dri pherson, pwy fydden nhw?' Sut fyddech chi'n ateb y cwestiwn hwnnw? Un o'r pethau sydd efallai yn ein taro ni yw mor rhyfedd oedd y math o bobl roedd Iesu yn dewis treulio amser â nhw a bwyta gyda nhw. Mae'n siŵr y bydden ni'n disgwyl i Fab Duw, Brenin y byd, fod yng nghwmni enwogion y cyfnod a bwyta gyda phwysigion. Ond na. Hyd yn hyn rydym wedi gweld Iesu'n galw pysgotwyr i fod yn ddilynwyr iddo. Nawr mae'n mynd cam ymhellach ac yn galw Lefi, y casglwr trethi, i fod yn ddisgybl. Roedd casglwyr trethi yn cael eu gweld fel rhai o bobl waetha'r gymdeithas. Roedden nhw'n gweithio i'r Rhufeiniaid oedd yn rheoli Israel ar y pryd, ac yn aml yn twyllo a chymryd gormod o arian gan eu pobl eu hunain.

Oherwydd eu bod mor amhoblogaidd, dydyn ni ddim yn synnu fod y Phariseaid yn ymateb gan edrych i lawr ar y fath o bobl roedd Iesu'n eu galw'n ffrindiau. Ond mae agwedd Iesu yn hollol wahanol, a'i ymateb i'r Phariseaid yn gwbl glir. Mae'n dweud wrthyn nhw, os ydyn nhw'n eu twyllo eu hunain drwy feddwl eu bod yn berffaith, yna wnawn nhw fyth sylweddoli eu bod angen help. Dydy pobl sy'n credu eu bod nhw'n iach ddim yn mynd i weld y doctor. Problem y Phariseaid oedd eu bod nhw ddim yn gweld fod ganddyn nhw broblem, ac felly bod angen i rywun eu hachub nhw.

Y fath o bobl mae Iesu yn galw ato ei hun yw'r rhai hynny sy'n gwybod yn iawn eu bod nhw'n frwnt, yn wan, yn bechadurus, a bod angen i Iesu eu hachub nhw. Pobl ydyn nhw sydd wedi gweld eu bod nhw'n sâl, eu bod nhw'n methu gwella eu hunain, ac mai Iesu yw'r doctor sy'n gallu iacháu.

CWESTIWN 3: Ym mha ffyrdd ydyn ni'n gallu'n twyllo ein hunain am y math o berson ydyn ni?

CWESTIWN 4: Pam ydych chi'n meddwl fod cymaint o'r fath bobl yn dilyn Iesu?

GWEDDIWCH am help i beidio ag edrych i lawr eich trwynau ar bobl eraill, ond i sylweddoli bod pawb yn frwnt yng ngolwg Duw ac angen eu golchi yn lân ganddo.

MARC 2¹⁸⁻²²

MARC 2^{18-22}

∞

Yr oedd disgyblion Ioan a'r Phariseaid yn <u>ymprydio</u>. A daeth rhywrai ato a gofyn iddo, "Pam y mae disgyblion Ioan a disgyblion y Phariseaid yn ymprydio, ond dy ddisgyblion di ddim yn ymprydio?" Dywedodd Iesu wrthynt, "A all gwesteion priodas ymprydio tra bydd y priodfab gyda hwy? Cyhyd ag y mae ganddynt y <u>priodfab</u> gyda hwy, ni allant ymprydio. Ond fe ddaw dyddiau pan ddygir y priodfab oddi wrthynt, ac yna fe ymprydiant y diwrnod hwnnw. "Ni fydd neb yn gwnïo <u>clwt o frethyn heb ei bannu</u> ar hen ddilledyn; os gwna, fe dynn y clwt wrth y dilledyn, y newydd wrth yr hen, ac fe â'r rhwyg yn waeth. Ac ni fydd neb yn tywallt gwin newydd i <u>hen grwyn</u>; os gwna, fe rwyga'r gwin y crwyn ac fe gollir y gwin a'r crwyn hefyd. Ond y maent yn rhoi gwin newydd mewn crwyn newydd."

∞

GEIRIAU ANODD:

Ymprydio: Mynd am gyfnod heb fwyta.
Priodfab: Dyn sy'n priodi.
Clwt o frethyn heb ei bannu: Defnydd sydd heb ei drin na chrebachu.
Hen grwyn: Poteli lledr sydd wedi eu defnyddio'n barod.

CWESTIWN 1: Beth ydych chi'n meddwl yw gwerth mynd heb rywbeth fel bwyd er mwyn dangos eich ymroddiad i Dduw?

CWESTIWN 2: Pam ydych chi'n meddwl y byddai'n syniad gwael i gadw gwin newydd da mewn hen grwyn?

Pa flwyddyn yw hi eleni? Ydych chi erioed wedi meddwl ei bod yn rhyfedd mai'r ffordd rydym ni'n cofnodi blynyddoedd yw cyn ac ar ôl i'r Brenin Iesu ddod i'r byd? Roedd bywyd Iesu yn dechrau cyfnod newydd yn hanes, a threfn newydd yn y ffordd mae person yn dod i berthynas â Duw.

Roedd pobl Dduw yn ymprydio er mwyn ceisio ei fendith a dangos cymaint roedden nhw'n ei roi iddo fe. Er bod y gyfraith ond yn sôn am ymprydio unwaith y flwyddyn, yng nghyfnod Iesu roedd rhai yn ychwanegu at hyn ac yn gwneud bob wythnos! Roedden nhw'n ceisio plesio Duw trwy'r hyn roedden nhw'n ei wneud, a theimlo fel eu bod nhw'n agos ato. Mae'r bobl hyn yn cwestiynu pam nad yw disgyblion Iesu yn gwneud yr un peth â nhw. Ateb Iesu yw fod dim angen iddyn nhw ymprydio, oherwydd roedden nhw'n barod ym mhresenoldeb Duw tra oedd ef gyda nhw.

Er bod y bobl hyn yn ceisio dod yn agos at Dduw trwy eu hymdrechion, roedden nhw'n dal i fod yn bell. Er mwyn cael perthynas iawn â Duw roedd angen newid rhywbeth. Mae Iesu'n dweud fod ceisio gwella'r sefyllfa yn debyg i roi darn o ddefnydd newydd ar hen ddilledyn – pan gaiff ei olchi bydd y darn newydd yn mynd yn llai, yn tynnu i ffwrdd a gwneud y rhwyg yn waeth. Neu mae fel rhoi gwin newydd mewn hen grwyn – mae'r gwin yn dal i ryddhau nwy fydd yn chwyddo'r crwyn, gan eu torri a gwastraffu'r cwbl. Beth sydd ei angen yw dilledyn cwbl newydd, a chrwyn hollol newydd i ddal y gwin. Y drefn newydd mae Iesu Grist yn ei chyflwyno sy'n llawer gwell na'r hen un, yw ein bod ni'n gallu dod at Dduw nid trwy ein hymdrechion ni ein hunain, ond *trwy ffydd ynddo ef.*

CWESTIWN 3: Pam y mae'n dwp i feddwl y gallwn ni fod yn iawn gyda Duw yn ein nerth ein hunain?

CWESTIWN 4: At beth mae Iesu yn cyfeirio pan mae'n dweud ei fod yn mynd i gael ei gymryd oddi wrth ei ddisgyblion?

GWEDDIWCH y bydd presenoldeb a bendith
Duw yn amlwg iawn yn eich bywyd chi.

Un Saboth yr oedd yn mynd trwy'r caeau ŷd, a dechreuodd ei ddisgyblion dynnu'r tywysennau wrth fynd. Ac meddai'r Phariseaid wrtho, "Edrych, pam y maent yn gwneud peth sy'n groes i'r Gyfraith ar y Saboth?" Dywedodd yntau wrthynt, "Onid ydych chwi erioed wedi darllen beth a wnaeth Dafydd, pan oedd mewn angen, ac eisiau bwyd arno ef a'r rhai oedd gydag ef? Sut yr aeth i mewn i dŷ Dduw, yn amser Abiathar yr archoffeiriad, a bwyta'r torthau cysegredig nad yw'n gyfreithlon i neb eu bwyta ond yr offeiriaid; ac fe'u rhoddodd hefyd i'r rhai oedd gydag ef?" Dywedodd wrthynt hefyd, "Y Saboth a wnaethpwyd er mwyn dyn, ac nid dyn er mwyn y Saboth. Felly y mae Mab y Dyn yn arglwydd hyd yn oed ar y Saboth."

Aeth i mewn eto i'r synagog, ac yno yr oedd dyn a chanddo law wedi gwywo. Ac yr oeddent â'u llygaid arno i weld a fyddai'n iacháu'r dyn ar y Saboth, er mwyn cael cyhuddiad i'w ddwyn yn ei erbyn. A dywedodd wrth y dyn â'r llaw ddiffrwyth, "Saf yn y canol." Yna dywedodd wrthynt, "A yw'n gyfreithlon gwneud da ar y Saboth, ynteu gwneud drwg, achub bywyd, ynteu lladd?" Yr oeddent yn fud. Yna edrychodd o gwmpas arnynt mewn dicter, yn drist oherwydd eu hystyfnigrwydd, a dywedodd wrth y dyn, "Estyn dy law." Estynnodd yntau hi, a gwnaed ei law yn iach. Ac fe aeth y Phariseaid allan ar eu hunion a chynllwyn â'r Herodianiaid yn ei erbyn, sut i'w ladd.

GEIRIAU ANODD:

Ŷd:	Math o rawnfwyd.
Tywysennau:	Y rhan o'r ŷd rydych yn gallu ei bwyta.
Cyfraith:	Y rheolau roedd Duw wedi eu rhoi i Israel pan wnaeth ei gyfamod â nhw.
Archoffeiriad:	Y prif offeiriad oedd yn aberthu i Dduw yn y deml.
Cysegredig:	Wedi eu cadw yn lân i'w defnyddio mewn addoliad.
Gwywo:	Yn wan ac wedi crebachu.
Mud:	Ddim yn gallu siarad.
Herodianiaid:	Cefnogwyr y brenin Herod.

CWESTIWN 1: Pa fath o bethau ydych chi'n eu cyfrif yn waith?

CWESTIWN 2: Pam ydych chi'n meddwl fod y Phariseaid yn grac gyda Iesu?

Dechreuon ni weld ym Marc 2:18-22 fod bywyd Iesu yn dechrau cyfnod newydd yn hanes y ddynoliaeth, ag effaith hynny ar ymprydio. Yn awr rydym yn dod at bwnc mawr arall sef y Saboth. Roedd yr Israeliaid i fod i orffwys ar y diwrnod arbennig hwn er mwyn dangos eu bod nhw'n rhydd o gaethiwed yr Aifft, yn dibynnu ar Dduw i ddarparu ar eu cyfer, ac yr oeddent i fod i fwynhau diwrnod yn meddwl amdano fe. Ond roedd y Phariseaid wedi colli golwg ar y ffaith fod y Saboth yn rhodd gan Dduw, ac wedi creu rhestr hir o bethau oedd yn cyfrif fel gwaith, ac felly ddim i gael eu gwneud ar y Saboth. Wrth i ddisgyblion Iesu dynnu pen yr ŷd i'w fwyta, mae'r Phariseaid yn dweud fod hyn yr un peth â chynaeafu ac felly roedden nhw'n gweithio ar y Saboth!

Mae Iesu yn ymateb drwy ddangos iddyn nhw fod rhyddid i wneud pethau pan fo angen ar y Saboth. Mae'n eu hatgoffa o'r tro y gwnaeth y Brenin Dafydd a'i ddynion fwyta bara fydden na nhw ddim fel arfer wedi ei fwyta oherwydd eu bod mewn angen.

Yna mae Iesu'n eu hatgoffa fod y Saboth yn rhodd gan Dduw er lles pobl. Felly yn sicr mae rhyddid gan berson i'w fwydo ei hun os ydyw mewn angen. Iesu ei hun sydd wedi creu'r dydd Saboth, ac felly mae ganddo awdurdod drosto, i ddweud beth sydd yn gywir ac yn anghywir i'w wneud ar y diwrnod hwnnw. Gan fod Iesu bob amser yn ceisio'r gorau ar ein cyfer, mae'n iawn gwneud yr hyn sy'n gwneud lles i ni ar y Saboth.

Yn dilyn hyn, mae Iesu'n ceisio dangos iddyn nhw ei fod yn iawn i wneud daioni ar y Saboth. Byddai'n well gan ei wrthwynebwyr petai Iesu wedi gadael y dyn fel roedd e, ond mae Iesu yn dweud *na*! Holl bwynt y Saboth yw ein rhyddhau ni oddi wrth feichiau'r byd, i ddangos ein bod yn rhydd o gaethiwed. Ac felly mae'n rhyddhau'r dyn ac yn rhoi bywyd newydd iddo. Gyda'i law wedi gwywo roedd y dyn yn methu gweithio ar unrhyw ddydd, ond yn awr mae'n gallu. Mae'r Brenin Iesu yn caru gwneud daioni.

CWESTIWN 3: Beth ddylai ein hagwedd ni fod at y Saboth?

CWESTIWN 4: Os yw'r hyn mae Iesu yn ei ddweud am y Saboth yn rhagflas o'r nefoedd, pa bethau ydych chi'n meddwl fydd yn wir am y nefoedd?

GWEDDIWCH am ryddid i fwynhau'r Saboth heb weithio, gan wneud daioni i bawb.

10 - DARPARU AT Y GALW

Aeth Iesu ymaith gyda'i ddisgyblion i lan y môr, ac fe ddilynodd tyrfa fawr o Galilea. Ac o Jwdea a Jerwsalem, o Idwmea a'r tu hwnt i'r Iorddonen a chylch Tyrus a Sidon, daeth tyrfa fawr ato, wedi iddynt glywed y fath bethau mawr yr oedd ef yn eu gwneud. A dywedodd wrth ei ddisgyblion am gael cwch yn barod iddo rhag i'r dyrfa wasgu arno. Oherwydd yr oedd wedi iacháu llawer, ac felly yr oedd yr holl gleifion yn ymwthio ato i gyffwrdd ag ef. Pan fyddai'r ysbrydion aflan yn ei weld, byddent yn syrthio o'i flaen ac yn gweiddi, "Ti yw Mab Duw." A byddai yntau yn eu rhybuddio hwy yn bendant i beidio â'i wneud yn hysbys.

Aeth i fyny i'r mynydd a galwodd ato y rhai a fynnai ef, ac aethant ato. Penododd ddeuddeg er mwyn iddynt fod gydag ef, ac er mwyn eu hanfon hwy i bregethu ac i <u>feddu awdurdod</u> i fwrw allan gythreuliaid. Felly y penododd y Deuddeg, ac ar Simon rhoes yr enw <u>Pedr</u>; yna Iago fab Sebedeus, ac Ioan brawd Iago, a rhoes arnynt hwy yr enw Boanerges, hynny yw, "Meibion y Daran"; ac Andreas a Philip a Bartholomeus a Mathew a Thomas, ac Iago fab Alffeus, a Thadeus, a Simon y <u>Selot</u>, a Jwdas Iscariot, yr un a'i <u>bradychodd</u> ef.

GEIRIAU ANODD:

Meddu awdurdod: Cael grym.

Pedr: Ystyr yr enw yw 'craig'.

Selot: Roedd y selotiaid yn grŵp gwleidyddol oedd yn gwrthwynebu'r Rhufeiniaid. Mae'n ymddangos fod Simon yn un ohonynt cyn dechrau dilyn Iesu.

Bradychu: Bod yn anffyddlon.

CWESTIWN 1: Ydych chi erioed wedi eisiau siarad â rhywun, ond heb allu cyrraedd atyn nhw oherwydd fod cymaint o bobl o'u cwmpas?

CWESTIWN 2: Oes gennych chi lysenw sy'n dweud rhywbeth am eich cymeriad?

Hyd yn hyn mae Marc wedi bod yn pwysleisio pa mor wych yw'r ffaith fod Iesu Grist wedi dod i'r byd, gan ddangos yr holl bethau anhygoel roedd e'n eu gwneud. Ond er ei bod yn hollbwysig fod Mab Duw yn dod i'r byd fel dyn, roedd hyn yn achosi problem. Yn amlwg dim ond hyn a hyn o bobl fyddai'n gallu dod at Iesu ar unrhyw adeg. Unwaith eto yn yr hanes yma cawn syniad o faint o bobl oedd angen help. Mae'r dyrfa *enfawr* hon o bobl anghenus yn dod at Iesu er mwyn cael eu hiacháu o wahanol bethau. Y tro hwn, mae cymaint ohonyn nhw'n dod nes bod rhaid i Iesu fynd allan ar y dŵr mewn cwch ychydig i ffwrdd o'r lan er mwyn gwneud yn siŵr bod neb yn cael ei frifo ac er mwyn iddo allu gweld a siarad â nhw i gyd.

Er mwyn helpu datrys y broblem mae Iesu'n galw deuddeg o'i ddilynwyr ato. Mae'n dewis y criw bach yma o ddynion er mwyn iddyn nhw dreulio amser yn dysgu ganddo fe, ac yna mynd allan a chyrraedd cymaint o bobl oedd yn bosibl gyda'r newyddion da. Mewn man arall mae'r dynion yma yn cael eu galw'n apostolion, sy'n golygu eu bod nhw wedi cael eu hanfon.

Trwy wneud hyn roedd Iesu'n gwneud yn siŵr fod mwy o bobl nag o'r blaen yn mynd i glywed y neges a chael eu helpu. Ond mae yn amlwg fod yr apostolion i gyd yn wahanol i'w gilydd. Roedd gan rai ohonyn nhw lysenwau oedd yn dweud rhywbeth am eu cymeriad, ac mae'n siŵr fod ganddyn nhw bob math o gefndiroedd gwahanol. Er hynny maen nhw i gyd yn cael eu galw i'r un gwaith, ac i ddefnyddio eu doniau a'u personoliaethau gwahanol i wasanaethu eraill.

CWESTIWN 3: Ym mha ffyrdd mae Duw wedi darparu ar gyfer eich anghenion chi yn y gorffennol?

CWESTIWN 4: Sut gallwch chi ddefnyddio eich personoliaeth a'ch doniau arbennig er mwyn cyrraedd eraill?

GWEDDÏWCH am hyder a chyfleoedd i ddweud wrth bobl eraill am Iesu Grist a'i neges.

Daeth i'r tŷ; a dyma'r dyrfa'n ymgasglu unwaith eto, nes eu bod yn methu cymryd pryd o fwyd hyd yn oed. A phan glywodd ei deulu, aethant allan i'w atal ef, oherwydd dweud yr oeddent, "Y mae wedi colli arno'i hun." A'r ysgrifenyddion hefyd, a oedd wedi dod i lawr o Jerwsalem, yr oeddent hwythau'n dweud, "Y mae <u>Beelsebwl</u> ynddo", a, "Trwy bennaeth y cythreuliaid y mae'n bwrw allan gythreuliaid."

Galwodd hwy ato ac meddai wrthynt ar <u>ddamhegion</u>: "Pa fodd y gall Satan fwrw allan Satan? Os bydd teyrnas yn ymrannu yn ei herbyn ei hun, ni all y deyrnas honno sefyll. Ac os bydd tŷ yn ymrannu yn ei erbyn ei hun, ni all y tŷ hwnnw sefyll. Ac os yw Satan wedi codi yn ei erbyn ei hun ac ymrannu, ni all yntau sefyll; y mae ar ben arno. Eithr ni all neb fynd i mewn i dŷ'r un cryf ac <u>ysbeilio'i</u> ddodrefn heb yn gyntaf rwymo'r un cryf; wedyn caiff ysbeilio'i dŷ ef. Yn wir, rwy'n dweud wrthych, maddeuir popeth i blant y ddaear, eu pechodau a'u <u>cableddau</u>, beth bynnag fyddant; ond pwy bynnag a gabla yn erbyn yr Ysbryd Glân, ni chaiff faddeuant byth; y mae'n euog o bechod tragwyddol." Dywedodd hyn oherwydd iddynt ddweud, "Y mae ysbryd aflan ynddo."

A daeth ei fam ef a'i frodyr, a chan sefyll y tu allan anfonasant ato i'w alw. Yr oedd tyrfa'n eistedd o'i amgylch, ac meddent wrtho, "Dacw dy fam a'th frodyr a'th chwiorydd y tu allan yn dy geisio." Atebodd hwy, "Pwy yw fy mam i a'm brodyr?" A chan edrych ar y rhai oedd yn eistedd yn gylch o'i gwmpas, dywedodd, "Dyma fy mam a'm brodyr i. Pwy bynnag sy'n gwneud ewyllys Duw, y mae hwnnw'n frawd i mi, ac yn chwaer, ac yn fam."

GEIRIAU ANODD:

Beelsebwl:	Enw arall ar Satan.
Damhegion:	Straeon sy'n dysgu gwers ysbrydol.
Ysbeilio:	Dwyn.
Cabledd:	Dweud rhywbeth yn erbyn Duw.

Wrth edrych ar yr adran hon o lyfr Marc, rydym am ofyn y cwestiwn, pwy yw teulu Crist? Pwy yw'r bobl sy'n perthyn iddo mewn gwirionedd? Er bod llawer o bobl yn dod at Iesu i'w hiacháu ganddo, mae rhai o'i deulu neu bobl o'i bentref yn meddwl ei fod yn wallgof ac yn ceisio ei rwystro. Mae'r arweinwyr crefyddol yn mynd hyd yn oed ym mhellach ac yn dweud ei fod yn gwneud y pethau hyn yn nerth ysbryd drwg. *Dydy rhain ddim yn ymddwyn fel teulu i Iesu.*

Ateb Iesu i'r rhain yw ei bod yn dwp i feddwl fod Satan a'i ddilynwyr yn brwydro yn erbyn ei gilydd, oherwydd unwaith mae hynny'n digwydd mae ar ben arnynt. Pan mae'r bobl sy'n byw mewn gwlad yn ymladd â'i gilydd, yna mae'r wlad yn wan iawn! Na, meddai Iesu, yr unig ffordd y gallwch chi gymryd rhywbeth oddi wrth berson cryf yw os ydych chi'n gryfach nag ef. Dyma sut mae Iesu'n llwyddo i helpu cymaint o bobl – oherwydd ei fod yn gryfach na'r ysbrydion drwg sy'n eu brifo. Nid yr ysbrydion aflan yw teulu Iesu! Yn wir, mae Iesu'n rhybuddio'r bobl, os ydyn nhw'n dweud mai trwy'r diafol mae'n gwneud y pethau hyn, yna maen nhw wedi cymysgu rhwng yr Ysbryd Glân ac ysbryd aflan. Os yw eu meddyliau wedi tywyllu gymaint â hynny, yna pa obaith sydd ganddyn nhw i droi at Dduw a derbyn maddeuant.

Yna mae rhywbeth trawiadol yn digwydd. Mae perthnasau agosaf Iesu, ei fam a'i frodyr, yn dod ato ac mewn ffordd eithaf balch yn anfon rhywun i'w nôl, gan ddisgwyl y bydd yn dod atyn nhw oherwydd eu bod nhw'n perthyn. Ond ymateb Iesu yw dweud mai *nid y rhain yw ei deulu!* Teulu go iawn Iesu, y rhai sy'n perthyn iddo mewn gwirionedd, yw'r bobl sy'n ufuddhau i Dduw ac yn derbyn y Brenin mae wedi ei anfon.

GWEDDIWCH na fyddwch yn cymryd eich perthynas â Iesu yn ganiataol, ond y bydd eich holl fywyd yn dangos eich bod yn ei garu.

29

Dechreuodd ddysgu eto ar lan y môr. A daeth tyrfa mor fawr ynghyd ato nes iddo fynd ac eistedd mewn cwch ar y môr; ac yr oedd yr holl dyrfa ar y tir wrth ymyl y môr. Yr oedd yn dysgu llawer iddynt ar ddamhegion, ac wrth eu dysgu meddai: "Gwrandewch! Aeth heuwr allan i hau. Ac wrth iddo hau, syrthiodd peth had ar hyd y llwybr, a daeth yr adar a'i fwyta. Syrthiodd peth arall ar dir creigiog, lle ni chafodd fawr o bridd, a thyfodd yn gyflym am nad oedd iddo ddyfnder daear; a phan gododd yr haul fe'i llosgwyd, ac am nad oedd iddo wreiddyn fe wywodd. Syrthiodd peth arall ymhlith y drain, a thyfodd y drain a'i dagu, ac ni roddodd ffrwyth. A syrthiodd hadau eraill ar dir da, a chan dyfu a chynyddu yr oeddent yn ffrwytho ac yn cnydio hyd ddeg ar hugain a hyd drigain a hyd ganwaith cymaint." Ac meddai, "Y sawl sydd â chlustiau ganddo i wrando, gwrandawed." Pan oedd wrtho'i hun, dechreuodd y rhai oedd o'i gwmpas gyda'r Deuddeg ei holi am y damhegion. Ac meddai wrthynt, "I chwi y mae cyfrinach teyrnas Dduw wedi ei rhoi; ond i'r rheini sydd oddi allan y mae popeth ar ddamhegion, fel 'er edrych ac edrych, na welant, ac er clywed a chlywed, na ddeallant, rhag iddynt droi'n ôl a derbyn maddeuant.'"

Ac meddai wrthynt, "Onid ydych yn deall y ddameg hon? Sut ynteu yr ydych yn mynd i ddeall yr holl ddamhegion? Y mae'r heuwr yn hau y gair. Dyma'r rhai ar hyd y llwybr lle'r heuir y gair: cyn gynted ag y clywant, daw Satan ar unwaith a chipio'r gair sydd wedi ei hau ynddynt. A dyma'r rhai sy'n derbyn yr had ar dir creigiog: pan glywant hwy'r gair, derbyniant ef ar eu hunion yn llawen; ond nid oes ganddynt wreiddyn ynddynt eu hunain, a thros dro y maent yn para. Yna pan ddaw gorthrymder neu erlid o achos y gair, fe gwympant ar unwaith. Ac y mae eraill sy'n derbyn yr had ymhlith y drain: dyma'r rhai sydd wedi clywed y gair, ond y mae gofalon y byd hwn a hudoliaeth golud a chwantau am bopeth o'r fath yn dod i mewn ac yn tagu'r gair, ac y mae'n mynd yn ddiffrwyth.
A dyma'r rheini a dderbyniodd yr had ar dir da: y maent hwy'n clywed y gair ac yn ei groesawu, ac yn dwyn ffrwyth hyd ddeg ar hugain a hyd drigain a hyd ganwaith cymaint."

GEIRIAU ANODD:

Heuwr: Rhywun sydd yn taflu hadau.

Gorthrymder: Amser caled.

Erlid: Dioddef casineb.

Hudoliaeth golud: Cael eich swyno gan arian ac eiddo.

CWESTIWN 1: Sawl ffordd wahanol y gall pobl ymateb i Iesu?

CWESTIWN 2: Pam ydych chi'n meddwl fod Iesu'n siarad mewn damhegion?

Mae'r ddameg gyfarwydd hon yn dangos beth sy'n digwydd yng nghalonnau pobl wrth glywed gair Duw. Mae Iesu'n dweud fod yna bedwar math o berson. Mae'r math cyntaf mor galed fel bod y newyddion da ddim yn cael effaith o gwbl ac maen nhw'n anghofio'r peth yn llwyr. Mae'r ail fath fel tir creigiog sy'n ymddangos fel bod ffrwyth yn dod, ond ymateb emosiynol llwyr ydyw. Gan nad oes dim dyfnder i'w ffydd, pan mae amseroedd anodd yn dod maen nhw'n troi eu cefn yn syth. Mae'r math nesaf yn debyg i dir llawn drain. Eto, mae fel petai y gair yn cael effaith. Ond cyn ei fod yn gallu cyflawni ei waith mae cariad at y byd hwn yn lladd y ffrwyth. Mae'r math olaf yn wahanol – maen nhw fel tir da. Mae'r gair yn dod atynt, maen nhw'n ei dderbyn, ac yn cael eu newid yn llwyr.

Wnaethoch chi sylwi ar wirionedd difrifol y ddameg? Allan o'r pedwar math o berson, dim ond un sydd wir wedi credu. Mae'r gweddill naill ai wedi gwrthod o'r cychwyn neu ddim wedi para hyd y diwedd. Mae'r ddameg hon yn ein rhybuddio i fod yn sicr ein bod wedi croesawu gair Duw i'n calonnau, ein bod ni wedi'n gwreiddio ynddo fe, ac i ofalu nad ydyn ni'n cael ein denu i ffwrdd gan unrhyw beth mae'r byd yn ei gynnig.

Ond mae'r ddameg hefyd yn dweud rhywbeth pwysig wrthym am y gwir Gristion. Yn gyntaf mae pob un sy'n credu yn Iesu Grist yn mynd i ddangos hynny yn y ffordd maen nhw'n byw. Ond hefyd, fel planhigyn, mae faint o ffrwyth sy'n dod, a pha mor gyflym mae'n tyfu, yn mynd i amrywio o berson i berson, ac felly does dim angen digalonni na chenfigennu wrth edrych ar fywyd rhywun arall, os ydym yn tyfu ein hunain.

CWESTIWN 3: Pa fath o dir sy'n eich disgrifio chi orau? Ydych chi'n meddwl fod modd newid?

CWESTIWN 4: Ydych chi'n chwilio am ffrwyth yn eich bywyd? Pa fath?

GWEDDIWCH y bydd yr efengyl yn cael ei chyhoeddi yn ffyddlon, y bydd Duw yn paratoi calonnau pobl i'w derbyn, ac y bydd yn dwyn llawer o ffrwyth.

MARC 4²¹⁻²⁵

Dywedodd wrthynt, "A fydd rhywun yn dod â channwyll i'w dodi dan lestr neu dan wely? Onid yn hytrach i'w dodi ar ganhwyllbren? Oherwydd nid oes dim yn guddiedig ond i gael ei amlygu, ac ni bu dim <u>dan gêl</u> ond i ddod i'r amlwg. Os oes gan rywun glustiau i wrando, gwrandawed." Dywedodd wrthynt hefyd, "Ystyriwch yr hyn a glywch. Â'r mesur y rhowch y rhoir i chwithau, a rhagor a roir ichwi. Oherwydd i'r sawl y mae ganddo y rhoir, ac oddi ar y sawl nad oes ganddo y cymerir hyd yn oed hynny sydd ganddo."

GEIRIAU ANODD:

Dan gêl: Wedi'i guddio.

CWESTIWN 1: Pa fath o bethau ydych chi'n eu cysylltu â goleuni?
CWESTIWN 2: Petai gan berson newyddion da i'w rhannu, ac yn penderfynu eu cadw'n gyfrinach, beth fyddech chi'n meddwl o'r person hwnnw?

Wrth i ni edrych ar ddameg yr heuwr, fe orffenon ni drwy feddwl am y ffrwyth oedd yn dod ym mywyd y person sy'n credu yn Iesu Grist. Mae Iesu yn mynd ymlaen yn y fan hon i ddweud beth yw rhai o gyfrifoldebau'r Cristion. I wneud hynny mae'n newid y darlun o hadau a chnydau i ganhwyllau a goleuni.

Mae Iesu'n gofyn cwestiwn er mwyn gwneud i'r disgyblion ddychmygu sefyllfa dwp. Y cwestiwn yw, 'Ydych chi'n goleuo cannwyll, ac yna'n ei rhoi rywle lle nad ydych yn gallu ei gweld?' Neu i roi esiampl fwy modern, pwy fyddai'n troi lamp ymlaen ac yna yn ei guddio yn y cwpwrdd? Mae'r syniad yn wirion! Holl bwynt cannwyll neu lamp yw ei bod i roi golau i'r bobl o'i chwmpas er mwyn iddyn nhw allu gweld. Yn yr un ffordd nid yw'r ffrwyth sy'n dod ym mywyd y Cristion i fod i gael ei guddio, ond i fod yn amlwg. Fel goleuni yng nghanol tywyllwch mae'n dangos i bobl eraill sut i fyw ac yn eu harwain at Dduw.

Mae Iesu'n mynd ymlaen i ddweud, "Â'r mesur y rhowch y rhoir i chwithau." Mae'r bywyd Cristnogol yn un o haelioni. Unwaith rydym ni'n sylweddoli ein bod ni'n derbyn popeth gan Dduw, yna fe fyddwn ni'n awyddus i rannu â phobl eraill. Yn wir, mae Iesu'n dweud y mwyaf rydym ni'n rhannu goleuni'r efengyl ag eraill, y mwyaf o fendith Duw byddwn ni'n ei phrofi yn ein bywyd ein hunain. Dydy hyn ddim fel fformiwla fathemategol, a dydyn ni ddim yn gwneud y pethau hyn dim ond er mwyn cael ein gwobrwyo. Ond os ydym wedi derbyn gras a chariad Duw yn ein bywydau, yn rhoi clod iddo ef, ac yn dangos yr un cariad tuag at eraill, yna mae Duw yn addo bendithion pellach i ni.

CWESTIWN 3: Ym mha ffyrdd ydyn ni'n gallu cuddio goleuni Duw?
CWESTIWN 4: Pam y mae Iesu mor awyddus i ni fod yn hael i eraill?

GWEDDÏWCH y bydd Duw yn goleuo eich bywyd fel bod pawb o'ch cwmpas yn gallu gweld hynny a sylweddoli eu bod nhw angen dod ato ef drostyn nhw eu hunain.

MARC 4²⁶⁻³⁴

Ac meddai, "Fel hyn y mae teyrnas Dduw: bydd dyn yn bwrw'r had ar y ddaear ac yna'n cysgu'r nos a chodi'r dydd, a'r had yn <u>egino</u> ac yn tyfu mewn modd nas gŵyr ef. Ohoni ei hun y mae'r ddaear yn dwyn ffrwyth, eginyn yn gyntaf, yna tywysen, yna ŷd llawn yn y <u>dywysen</u>. A phan fydd y <u>cnwd</u> wedi aeddfedu, y mae'n bwrw iddi ar unwaith â'r <u>cryman</u>, gan fod y cynhaeaf wedi dod."

Meddai eto, "Pa fodd y <u>cyffelybwn</u> deyrnas Dduw, neu ar ba ddameg y cyflwynwn hi? Y mae'n debyg i hedyn mwstard; pan heuir ef ar y ddaear, hwn yw'r lleiaf o'r holl hadau sydd ar y ddaear, ond wedi ei hau, y mae'n tyfu ac yn mynd yn fwy na'r holl lysiau, ac yn dwyn canghennau mor fawr nes bod adar yr awyr yn gallu nythu dan ei gysgod." Ar lawer o'r fath ddamhegion yr oedd ef yn llefaru'r gair wrthynt, yn ôl fel y gallent wrando; heb ddameg ni fyddai'n llefaru dim wrthynt. Ond o'r neilltu byddai'n egluro popeth i'w ddisgyblion ei hun.

GEIRIAU ANODD:

Egino: Dechrau tyfu.
Tywysen: Y rhan o'r planhigyn sy'n dwyn had.
Cnwd: Ffrwyth yr hadau sydd wedi eu gwasgaru.
Cryman: Offer sy'n cael ei ddefnyddio i dorri'r cnwd.
Cyffelybu: Cymharu.

CWESTIWN 1: Ydych chi erioed wedi gweld planhigyn yn tyfu?
CWESTIWN 2: Wrth edrych ar hedyn bach, ydych chi'n gallu gweld pa mor fawr fydd y planhigyn? A yw maint yr hedyn yn bwysig?

Rydym ni wedi gweld yn barod fod Iesu yn hoffi defnyddio'r darlun o hau hadau er mwyn egluro gwirionedd i'w ddisgyblion. Yn yr adran hon gwelwn Iesu yn defnyddio dau ddarlun newydd eto.

Mae'r darlun cyntaf yn egluro'r ffaith fod teyrnas Dduw yn tyfu mewn ffordd nad ydym yn gallu ei deall na'i rheoli – teyrnas Dduw yw hi, ac ef sy'n gyfrifol am y tyfiant. Yn debyg i had yn tyfu, mae yna broses o dyfu yn achos y deyrnas, ac mae'r broses honno'n digwydd yn raddol, dros amser. Mae hyn yn wir wrth feddwl am y ffordd y mae'r efengyl yn lledu drwy'r byd, ond hefyd wrth i Dduw ddwyn frwyth yn ein bywydau ni. Er bod gennym ni gyfrifoldeb i wneud popeth y gallwn i dyfu yn ein ffydd, mae'n gysur mawr meddwl bod Duw ei hun trwy'r Ysbryd Glân yn gweithio ynom hefyd. O'r funud rydym yn credu yn Iesu Grist, mae'r Ysbryd yn newid ein bywydau yn raddol i fod yn fwy tebyg iddo.

Yn yr ail ddarlun mae Iesu yn egluro mwy eto am y deyrnas, drwy ddweud ei bod yn debyg i un math penodol o hedyn – yr hedyn mwstard. Mae'r hedyn hwn yn un diddorol iawn, oherwydd fel mae Iesu'n esbonio, er ei fod yn dechrau fel hedyn bach iawn, pan fydd wedi tyfu mae'n mynd yn enfawr. A dyna yr union beth rydym yn ei weld yn hanes Cristnogaeth. Mae'r hyn a ddechreuodd gyda chriw bach o bobl di-nod yn dilyn person o'r enw Iesu yn y Dwyrain Canol 2000 o flynyddoedd yn ôl, bellach wedi ymestyn drwy'r byd i gyd nes bod miliynau o bobl heddiw yn galw eu hunain yn Gristnogion. Ar ddiwedd amser, pan fydd y deyrnas wedi cyrraedd ei llawn dwf, bydd yr Arglwydd Iesu yn casglu ei bobl at ei gilydd ac yn dinistrio popeth arall.

CWESTIWN 3: Pam ydych chi'n meddwl fod y darlun o hadau yn tyfu yn un mor dda i'n helpu i ddeall y ffordd mae Duw yn gweithio?

CWESTIWN 4: Ym mha ffordd mae'n gysur mai Duw sydd yn achosi tyfiant ac nid ni?

GWEDDÏWCH am weld teyrnas Dduw yn parhau i dyfu a rhagor o bobl yn dod yn rhan ohoni.

MARC 4³⁵⁻⁴¹

A'r diwrnod hwnnw, gyda'r nos, dywedodd wrthynt, "Awn drosodd i'r ochr draw." A gadawsant y dyrfa, a mynd ag ef yn y cwch fel yr oedd; yr oedd cychod eraill hefyd gydag ef. Cododd <u>tymestl</u> fawr o wynt, ac yr oedd y tonnau'n ymdaflu i'r cwch, nes ei fod erbyn hyn yn llenwi. Yr oedd ef yn <u>starn y cwch</u> yn cysgu ar glustog. Deffroesant ef a dweud wrtho, "Athro, a wyt ti'n hidio dim ei bod ar ben arnom?" Ac fe ddeffrôdd a <u>cheryddu</u>'r gwynt a dweud wrth y môr, "Bydd ddistaw! Bydd dawel!" <u>Gostegodd</u> y gwynt, a bu tawelwch mawr. A dywedodd wrthynt, "Pam y mae arnoch ofn? Sut yr ydych heb ffydd o hyd?" Daeth ofn <u>dirfawr</u> arnynt, ac meddent wrth ei gilydd, "Pwy ynteu yw hwn? Y mae hyd yn oed y gwynt a'r môr yn ufuddhau iddo."

GEIRIAU ANODD:

Tymestl:	Storm.
Starn y cwch:	Cefn y cwch.
Ceryddu:	Dweud y drefn.
Gostegodd:	Tawelodd.
Dirfawr:	Mawr iawn.

CWESTIWN 1: Ydych chi erioed wedi gweld storm fawr ar y môr?

CWESTIWN 2: Beth ydych chi'n credu rydyn ni'n ei ddysgu yma am Iesu?

Mae'r môr yn beryglus a phwerus dros ben. Hyd yn oed ar ddiwrnod braf ar y traeth, mae nerth y tonnau yn gallu eich taflu o gwmpas mewn ffordd frawychus. Dychmygwch sut y byddai'n teimlo i fod mewn cwch pysgota bach ynghanol storm? Mae'n amlwg ei bod yn brofiad erchyll oherwydd roedd sawl un o'r disgyblion yn bysgotwyr, ac eto roedden nhw'n poeni am eu bywydau. Yr unig un yn y cwch nad oedd yn teimlo unrhyw ofn oedd Iesu – roedd e hyd yn oed yn gallu cysgu!

Wrth weld cymaint oedd braw y disgyblion mae Iesu yn tosturio wrthynt ac yn gwneud rhywbeth doedd neb yn ei ddisgwyl. Mae'n dechrau dweud y drefn wrth y gwynt, a dweud "Bydd ddistaw!" wrth y môr. *A dyma nhw'n ufuddhau yn syth!* Roedd y disgyblion yn methu credu yr hyn roedden nhw wedi ei weld. Er eu bod nhw wedi gweld ei awdurdod dros bobl, ac ysbrydion aflan ac afiechydon, roedd hyn yn rhywbeth gwahanol eto. Doedden nhw ddim yn gallu deall sut roedd ganddo awdurdod dros fyd natur, oherwydd doedden nhw ddim eto wedi deall yn iawn fod Iesu yn Frenin dros bob peth.

Ond ddylai'r hyn a wnaeth Iesu ddim fod yn syndod i ni o gwbl mewn gwirionedd. Roedd y wyrth hon yn cadarnhau yr hyn roedd e'n ei ddweud amdano ef ei hun – ei fod yn Fab Duw. Os darllenwch Salm 107:28-29, fe welwch ddisgrifiad yno o Dduw yn gwneud yn union yr un gwaith o dawelu storm a distewi'r tonnau. Wrth gwrs byddai'n gwbl amhosibl i chi a fi wneud yr hyn a wnaeth Iesu. Ond ef a greodd y byd yn y lle cyntaf, ac felly mae ganddo awdurdod dros ei greadigaeth.

CWESTIWN 3: Sut mae'r hanesyn hwn yn ein helpu i gredu yn Iesu?

CWESTIWN 4: Pam ydych chi'n meddwl fod y disgyblion mor ofnus? Beth oedd yn eu rhwystro rhag gweld pwy oedd Iesu?

GWEDDÏWCH am ffydd i ddilyn Iesu dim ots pa stormydd sy'n eich wynebu, gan wybod fod ganddo reolaeth lwyr dros bob dim.

Daethant i'r ochr draw i'r môr i wlad y Geraseniaid. A phan ddaeth allan o'r cwch, ar unwaith daeth i'w gyfarfod o blith y beddau ddyn ag ysbryd aflan ynddo. Yr oedd hwn yn cartrefu ymhlith y beddau, ac ni allai neb mwyach ei rwymo hyd yn oed â chadwyn, oherwydd yr oedd wedi cael ei rwymo'n <u>fynych</u> â <u>llyffetheiriau</u> ac â chadwynau, ond yr oedd y cadwynau wedi eu rhwygo ganddo a'r llyffetheiriau wedi eu <u>dryllio</u>; ac ni fedrai neb ei ddofi. Ac yn wastad, nos a dydd, ymhlith y beddau ac ar y mynyddoedd, byddai'n gweiddi ac yn ei anafu ei hun â cherrig. A phan welodd Iesu o bell, rhedodd a syrthio ar ei liniau o'i flaen, a gwaeddodd â llais uchel, "Beth sydd a fynni di â mi, Iesu, Mab y Duw Goruchaf? Yn enw Duw, paid â'm poenydio." Oherwydd yr oedd Iesu wedi dweud wrtho, "Dos allan, ysbryd aflan, o'r dyn." A gofynnodd iddo, "Beth yw dy enw?" Meddai yntau wrtho, "<u>Lleng</u> yw fy enw, oherwydd y mae llawer ohonom." Ac yr oedd yn ymbil yn daer arno beidio â'u gyrru allan o'r wlad. Yr oedd yno ar lethr y mynydd <u>genfaint</u> fawr o foch yn pori. Ac ymbiliodd yr ysbrydion aflan arno, "Anfon ni i'r moch; gad i ni fynd i mewn iddynt hwy." Ac fe ganiataodd iddynt. Aeth yr ysbrydion aflan allan o'r dyn ac i mewn i'r moch; a rhuthrodd y genfaint dros y dibyn i'r môr, tua dwy fil ohonynt, a boddi yn y môr.

Ffodd bugeiliaid y moch ac adrodd yr hanes yn y dref ac yn y wlad, a daeth y bobl i weld beth oedd wedi digwydd. Daethant at Iesu a gweld y dyn, hwnnw yr oedd y lleng cythreuliaid wedi bod ynddo, yn eistedd â'i ddillad amdano ac yn ei iawn bwyll; a daeth arnynt ofn. Adroddwyd wrthynt gan y rhai oedd wedi gweld beth oedd wedi digwydd i'r dyn ym meddiant cythreuliaid, a'r hanes am y moch hefyd. A dechreusant erfyn arno fynd ymaith o'u <u>gororau</u>. Ac wrth iddo fynd i mewn i'r cwch, yr oedd y dyn a oedd wedi bod ym meddiant y cythreuliaid yn erfyn arno am gael bod gydag ef. Ni adawodd iddo, ond meddai wrtho, "Dos adref at dy bobl dy hun a mynega iddynt gymaint y mae'r Arglwydd wedi ei wneud drosot, a'r modd y tosturiodd wrthyt." Aeth yntau ymaith a dechrau cyhoeddi yn y Decapolis gymaint yr oedd Iesu wedi ei wneud drosto; ac yr oedd pawb yn rhyfeddu.

GEIRIAU ANODD:

Mynych: Yn aml.
Llyffetheiriau: Rhywbeth oedd yn cael ei ddefnyddio i glymu traed.
Dryllio: Torri.
Lleng: Term am grŵp mawr.
Cenfaint: Haid.
Gororau: Ardal.

CWESTIWN 1: Ydych chi'n meddwl fod rhai pobl na all Duw eu hachub?

CWESTIWN 2: Pam ydych chi'n credu fod y bobl am i Iesu fynd i ffwrdd ar ddiwedd y stori?

Ceisiwch ddychmygu am funud eich bod yn byw yn ystod y ganrif gyntaf mewn pentref bach yn y Dwyrain Canol. Un dydd rydych chi'n codi eich llygaid i'r pellter ac yn gweld dyn yn cerdded tuag atoch. Mae'ch calon yn dechrau curo yn gyflymach ac rydych chi'n dechrau poeni oherwydd rydych chi'n adnabod y person yma – mae e'n enwog, ond nid am resymau da. Dyma'r dyn gwyllt sy'n ei alw ei hunan yn 'Lleng' oherwydd ei fod dan reolaeth cymaint o ysbrydion aflan. Mae'n gwbl afreolus, mae'n byw mewn mynwent, mae mor gryf nes ei fod yn gallu rhwygo cadwynau, mae'n rhedeg o gwmpas heb wisgo unrhyw ddillad ac mae'n aml yn ei frifo ei hunan. Ond, wrth iddo ddod yn nes, rydych chi'n sylweddoli fod rhywbeth yn wahanol amdano. Dydy e ddim yn ymddwyn fel roedd e. Dydy e ddim yn rhedeg o amgylch yn gweiddi. Mae e hyd yn oed yn gwisgo dillad! Mae e'n edrych yn, wel, yn normal!

Wrth iddo eich cyrraedd chi mae'r dyn yn eich cyfarch yn gwrtais, ac yn dechrau esbonio gyda gwên enfawr fod rhywbeth anhygoel wedi digwydd iddo. Y diwrnod o'r blaen fe gwrddodd â dyn o'r enw Iesu o Nasareth. Er bod neb o'r blaen wedi llwyddo i'w reoli na'i helpu, roedd gair gan Iesu yn ddigon i wneud i'r holl ysbrydion aflan oedd wedi ei boeni mor hir ei adael.

Nawr dychmygwch sut y byddech chi'n ymateb i hanes y dyn hwnnw. Wrth ystyried y newid rhyfeddol a ddigwyddodd yn ei fywyd, a fyddech chi'n hapus neu'n drist drosto fe?

CWESTIWN 3: Wrth feddwl am awdurdod Iesu Grist, a chymaint a wnaeth dros y dyn yma, ydych chi'n meddwl y gall eich helpu chi?

CWESTIWN 4: Roedd Iesu eisiau i'r dyn adrodd yr hanes wrth ei bobl ei hun. Beth mae hyn yn ei feddwl i ni?

GWEDDÏWCH y bydd gwaith Duw yn eich bywyd chi yr un mor drawiadol ag oedd e ym mywyd Lleng.

Wedi i Iesu groesi'n ôl yn y cwch i'r ochr arall, daeth tyrfa fawr ynghyd ato, ac yr oedd ar lan y môr. Daeth un o arweinwyr y synagog, o'r enw Jairus, a phan welodd ef syrthiodd wrth ei draed ac ymbil yn daer arno: "Y mae fy merch fach," meddai, "ar fin marw. Tyrd a rho dy ddwylo arni, iddi gael ei gwella a byw." Ac aeth Iesu ymaith gydag ef. Yr oedd tyrfa fawr yn ei ganlyn ac yn gwasgu arno. Ac yr oedd yno wraig ac arni <u>waedlif</u> ers deuddeng mlynedd. Yr oedd wedi dioddef yn enbyd dan driniaeth llawer o feddygon, ac wedi gwario'r cwbl oedd ganddi, a heb gael dim lles ond yn hytrach mynd yn waeth. Yr oedd hon wedi clywed am Iesu, a daeth o'r tu ôl iddo yn y dyrfa a chyffwrdd â'i fantell, oherwydd yr oedd hi wedi dweud, "Os cyffyrddaf hyd yn oed â'i ddillad ef, fe gaf fy iacháu." A sychodd llif ei gwaed hi yn y fan, a daeth hithau i wybod yn ei chorff ei bod wedi ei hiacháu o'i chlwyf. Ac ar unwaith deallodd Iesu ynddo'i hun fod y nerth oedd yn tarddu ynddo wedi mynd allan, a throes yng nghanol y dyrfa, a gofyn, "Pwy gyffyrddodd â'm dillad?" Meddai ei ddisgyblion wrtho, "Yr wyt yn gweld y dyrfa'n gwasgu arnat ac eto'n gofyn, 'Pwy gyffyrddodd â mi?' " Ond daliodd ef i edrych o'i gwmpas i weld yr un oedd wedi gwneud hyn. Daeth y wraig, dan grynu yn ei braw, yn gwybod beth oedd wedi digwydd iddi, a syrthiodd o'i flaen ef a dweud wrtho'r holl wir. Dywedodd yntau wrthi hi, "Ferch, y mae dy ffydd wedi dy iacháu di. Dos mewn tangnefedd, a bydd iach o'th glwyf."

Tra oedd ef yn llefaru, daeth rhywrai o dŷ arweinydd y synagog a dweud, "Y mae dy ferch wedi marw; pam yr wyt yn poeni'r Athro bellach?" Ond anwybyddodd Iesu y neges, a dywedodd wrth arweinydd y synagog, "Paid ag ofni, dim ond credu." Ac ni adawodd i neb ganlyn gydag ef ond Pedr ac Iago ac Ioan, brawd Iago. Daethant i dŷ arweinydd y synagog, a gwelodd gynnwrf, a phobl yn wylo ac yn <u>dolefain</u> yn uchel. Ac wedi mynd i mewn dywedodd wrthynt, "Pam yr ydych yn llawn cynnwrf ac yn wylo? Nid yw'r plentyn wedi marw, cysgu y mae." Dechreusant chwerthin am ei ben. Gyrrodd yntau bawb allan, a chymryd tad y plentyn a'i mam a'r rhai oedd gydag ef, a mynd i mewn lle'r oedd y plentyn. Ac wedi gafael yn llaw'r plentyn dyma fe'n dweud wrthi, "Talitha cŵm," sy'n golygu, "Fy ngeneth, rwy'n dweud wrthyt, cod." Cododd yr eneth ar unwaith a dechrau cerdded, oherwydd yr oedd yn ddeuddeng mlwydd oed. A thrawyd hwy yn y fan â syndod mawr. A rhoddodd ef orchymyn pendant iddynt nad oedd neb i gael gwybod hyn, a dywedodd am roi iddi rywbeth i'w fwyta.

GEIRIAU ANODD:

Gwaedlif: Salwch oedd yn golygu eich bod chi
yn methu peidio â gwaedu.

Dolefain: Gwneud sŵn trist iawn.

CWESTIWN 1: Sut ydych chi'n teimlo pan fydd rhaid i chi fynd at feddyg? Ydych chi erioed wedi poeni na fydden nhw'n gallu eich helpu?

CWESTIWN 2: Beth oedd yn debyg ac yn wahanol am y ddwy ferch?

Hyd yn hyn rydyn ni wedi gweld fod gan y Brenin Iesu awdurdod dros fyd natur, dros y byd ysbrydol a thros afiechydon. Yn awr rydyn ni'n mynd i weld fod ganddo hyd yn oed awdurdod dros fywyd a marwolaeth.

Rydyn ni'n cael yma hanes dwy ferch wahanol iawn. Mae'r ferch gyntaf wedi bod yn dioddef ers deuddeng mlynedd, ac roedd natur ei salwch yn gwneud y profiad yn waeth fyth. Roedd y ffaith ei bod hi'n gollwng gwaed yn golygu ei bod yn cael ei hystyried yn frwnt. Doedd dim hawl ganddi i fynd i'r deml, a fyddai pobl eraill ddim eisiau ei chyffwrdd hi achos byddai hi'n eu gwneud nhw'n frwnt hefyd. Ond clywodd y fenyw hon am bopeth roedd Iesu wedi ei wneud ac roedd yn gwybod y byddai dim ond ei gyffwrdd yn ei hiacháu. A dyna a ddigwyddodd. Yn union fel roedd cyffwrdd y fenyw yn gwneud pobl eraill yn frwnt, mae cyffwrdd Iesu Grist gyda ffydd yn ei gwneud hi'n lân. O hyn ymlaen mae ei bywyd yn newid yn llwyr.

Mae'r ail ferch mewn sefyllfa wahanol iawn. Dydyn ni ddim yn cael yr argraff ei bod hi wedi dioddef ers amser hir. Yn wir, yn ystod deuddeng mlynedd ei bywyd roedd hi mewn sefyllfa freintiedig iawn fel merch arweinydd y synagog – roedd hi'n cael bod yn rhan o'r byd crefyddol. Ond mae *hi* yn awr wedi cael ei thorri i ffwrdd o'r gymdeithas ac yn frwnt oherwydd ei bod hi'n farw. Ond dydy hynny ddim yn poeni dim ar Iesu. Mae'n dod at y ferch ac yn ei thrin fel petai hi dim ond yn cysgu! Mae'n dweud wrthi ei bod yn amser codi, ac mae'r ferch yn gorfod gwrando. Mae cyffwrdd Iesu yn dod â bywyd. Yn wir, mae'r Brenin hwn mor bwerus nes bod codi rhywun o farwolaeth yr un mor rhwydd â'i ddeffro!

CWESTIWN 3: Pam rydych chi'n meddwl yr oedodd Iesu wrth fynd i iacháu y ferch?

CWESTIWN 4: Os Iesu yw'r Brenin, beth wyt ti'n credu mae ei weithredoedd yn dangos i ni am deyrnas Dduw?

GWEDDÏWCH am iechyd i'r bobl sâl rydych chi'n eu hadnabod.

18-GWRTHOD Y NEGES

Aeth oddi yno a daeth i <u>fro ei febyd</u>, a'i ddisgyblion yn ei ganlyn. A phan ddaeth y Saboth dechreuodd ddysgu yn y synagog. Yr oedd llawer yn synnu wrth wrando, ac meddent, "O ble y cafodd hwn y pethau hyn? A beth yw'r ddoethineb a roed i hwn, a'r fath weithredoedd nerthol sy'n cael eu gwneud trwyddo ef? Onid hwn yw'r <u>saer</u>, mab Mair a brawd Iago a Joses a Jwdas a Simon? Ac onid yw ei chwiorydd yma gyda ni?" Yr oedd ef yn <u>peri tramgwydd</u> iddynt. Meddai Iesu wrthynt, "Nid yw proffwyd heb anrhydedd ond yn ei fro ei hun ac ymhlith ei <u>geraint</u> ac yn ei gartref." Ac ni allai wneud unrhyw wyrth yno, ond rhoi ei ddwylo ar ychydig gleifion a'u hiacháu. Rhyfeddodd at eu hanghrediniaeth.

Yr oedd yn mynd o amgylch y pentrefi dan ddysgu. A galwodd y Deuddeg ato a dechrau eu hanfon allan bob yn ddau. Rhoddodd iddynt awdurdod dros ysbrydion aflan, a gorchmynnodd iddynt beidio â chymryd dim ar gyfer y daith ond ffon yn unig; dim bara, dim cod, dim <u>pres</u> yn eu gwregys; sandalau am eu traed, ond heb wisgo ail grys. Ac meddai wrthynt, "Lle bynnag yr ewch i mewn i dŷ, arhoswch yno nes y byddwch yn ymadael â'r ardal. Ac os bydd unrhyw le yn gwrthod eich derbyn, a phobl yn gwrthod gwrando arnoch, ewch allan oddi yno ac ysgydwch ymaith y llwch fydd dan eich traed, yn rhybudd iddynt." Felly aethant allan a phregethu ar i bobl edifarhau, ac yr oeddent yn bwrw allan gythreuliaid lawer, ac yn <u>eneinio</u> llawer o gleifion ag olew ac yn eu hiacháu.

GEIRIAU ANODD:

Bro ei febyd:	Yr ardal lle y magwyd ef.
Saer:	Person sy'n gwneud gwaith pren.
Peri tramgwydd:	Achosi rhwystr.
Ceraint:	Perthnasau.
Pres:	Arian.
Eneinio:	Tywallt olew ar berson.

CWESTIWN 1: Pwy yw'r bobl sydd yn eich adnabod chi orau?

CWESTIWN 2: Ydych chi wedi cael y profiad o bobl yn gwrthod credu yr hyn rydych chi'n ei ddweud wrthyn nhw?

Wedi cyfnod o deithio o amgylch y wlad yn pregethu ac yn gwneud arwyddion rhyfeddol, mae Iesu yn dychwelyd i'r ardal lle cafodd ei fagu. Byddech chi'n disgwyl i'r bobl yma, o bob man, gredu ei neges! Roedd y bobl hyn wedi treulio blynyddoedd yn ei gwmni, wedi ei wylio'n tyfu. Roedden nhw'n ei adnabod pan oedd e'n blentyn - y plentyn mwyaf doeth, ufudd a chwrtais erioed, nad oedd byth yn cambihafio. Yna wedi tyfu, roedden nhw'n gwybod ei fod yn ddyn arbennig iawn, y saer nad oedd byth yn twyllo nac yn gwneud cam â neb.

Ond nawr fod Iesu wedi dechrau ei weinidogaeth gyhoeddus ac yn dysgu gydag awdurdod, doedd y bobl oedd wedi ei adnabod ar hyd ei fywyd ddim yn gallu derbyn yr hyn roedd e'n ei ddweud. Er eu bod yn cydnabod ei fod yn dweud ac yn gwneud y pethau mwyaf arbennig, maen nhw'n gwrthod derbyn ei neges am eu bod yn meddwl ei fod yn ddyn cyffredin. Ac oherwydd nad oedden nhw'n credu, doedd e ddim yn gallu eu helpu.

Wrth i Iesu anfon allan ei ddisgyblion i rannu'r newyddion da gan ddibynnu'n llwyr ar Dduw, mae'n rhoi rhybudd iddyn nhw. Yn union fel y gwnaeth pobl ei wrthod ef, bydd pobl yn gwrthod gwrando arnyn nhw. Pan fydd hynny yn digwydd maen nhw i fod i adael y lle hwnnw gan ysgwyd y llwch oddi ar eu traed. Roedd hyn yn rhywbeth y byddai Iddewon yn ei wneud ar ôl bod yn un o ddinasoedd cenhedloedd eraill, fel arwydd fod y bobl hynny ddim yn perthyn i bobl Dduw. Dyma'r neges ddifrifol roedd y disgyblion yn ei rhoi – os nad ydych chi'n derbyn Iesu Grist, yna dydych chi ddim yn un o bobl Dduw.

CWESTIWN 3: Beth ydyn ni'n ei ddysgu o'r ffaith fod Iesu yn methu iacháu y bobl yma?

CWESTIWN 4: Pam ydych chi'n meddwl fod Iesu yn anfon ei ddisgyblion allan heb lawer o bethau fel bwyd ac arian?

GWEDDIWCH am nerth i barhau i ddilyn Iesu hyd yn oed petai'r byd i gyd yn troi cefn arnoch.

43

Clywodd y Brenin Herod am hyn, oherwydd yr oedd enw Iesu wedi dod yn hysbys. Yr oedd pobl yn dweud, "Ioan Fedyddiwr sydd wedi ei godi oddi wrth y meirw, a dyna pam y mae'r gweithredoedd nerthol ar waith ynddo ef." Yr oedd eraill yn dweud, "<u>Elias</u> ydyw"; ac eraill wedyn, "Proffwyd yw, fel un o'r proffwydi gynt." Ond pan glywodd Herod, dywedodd, "Ioan, yr un y torrais i ei ben, sydd wedi ei gyfodi." Oherwydd yr oedd Herod wedi anfon a dal Ioan, a'i roi yn rhwym yng ngharchar o achos Herodias, gwraig Philip ei frawd, am ei fod wedi ei phriodi. Yr oedd Ioan wedi dweud wrth Herod, "Nid yw'n gyfreithlon iti gael gwraig dy frawd." Ac yr oedd Herodias yn dal dig wrtho ac yn dymuno ei ladd, ond ni allai, oherwydd yr oedd ar Herod ofn Ioan, am ei fod yn gwybod mai gŵr cyfiawn a sanctaidd ydoedd. Yr oedd yn ei gadw dan warchodaeth; a byddai'n gwrando arno'n llawen, er ei fod, ar ôl gwrando, mewn penbleth fawr. Daeth cyfle un diwrnod, pan wnaeth Herod wledd ar ei ben-blwydd i'w <u>bendefigion</u> a'i <u>gadfridogion</u> a gwŷr blaenllaw Galilea.

Daeth merch Herodias i mewn, a dawnsio a phlesio Herod a'i westeion. Dywedodd y brenin wrth yr eneth, "Gofyn imi am y peth a fynni, ac fe'i rhof iti." A gwnaeth <u>lw</u> difrifol iddi, "Beth bynnag a ofynni gennyf, rhof ef iti, hyd at hanner fy nheyrnas." Aeth allan a dywedodd wrth ei mam, "Am beth y caf ofyn?" Dywedodd hithau, "Pen Ioan Fedyddiwr." A brysiodd yr eneth ar unwaith i mewn at y brenin a gofyn, "Yr wyf am iti roi imi, y munud yma, ben Ioan Fedyddiwr ar ddysgl." Aeth y brenin yn drist iawn, ond oherwydd ei lw, ac oherwydd y gwesteion, penderfynodd beidio â thorri ei air iddi. Ac yna anfonodd y brenin <u>ddienyddiwr</u> a gorchymyn iddo ddod â phen Ioan. Fe aeth hwnnw, a thorrodd ei ben ef yn y carchar, a dod ag ef ar ddysgl a'i roi i'r eneth; a rhoddodd yr eneth ef i'w mam. A phan glywodd ei ddisgyblion, daethant, a mynd â'i gorff ymaith a'i ddodi mewn bedd.

GEIRIAU ANODD:

Elias:	Proffwyd enwog o'r Hen Destament roedd y bobl yn disgwyl y byddai'n dychwelyd ryw ddydd.
Pendefigion:	Arglwyddi.
Cadfridogion:	Arweinwyr milwrol.
Llw:	Addewid.
Dienyddiwr:	Person sy'n gweinyddu'r gosb eithaf.

CWESTIWN 1: Ydych chi byth yn gwneud ac yn dweud pethau oherwydd eich bod chi'n poeni beth fydd pobl eraill yn meddwl

CWESTIWN 2: Mae Ioan a Herod yn wahanol iawn i'w gilydd – ym mha ffyrdd?

Wedi i Iesu anfon ei ddisgyblion allan gyda'r rhybudd am bobl yn eu gwrthod, mae Marc yn rhoi ychydig bach o hanes i ni am un a wrthododd y neges – y Brenin Herod.

Roedd Herod wedi cymryd gwraig ei frawd er mwyn iddi fod yn wraig iddo ef. Yn union fel roedd Ioan wedi pregethu yn yr anialwch am yr angen i edifarhau am bechodau, fe ddywedodd yn gwbl glir wrth Herod fod yr hyn yr oedd wedi ei wneud yn ddrwg iawn yng ngolwg Duw. Roedd Herodias ei wraig yn grac iawn am hyn ac roedd hi eisiau i Ioan gael ei ladd, ond roedd Herod yn gwybod fod yna rywbeth arbennig am Ioan, er nad oedd wir yn deall yr hyn roedd Ioan yn ei ddweud.

Ond un diwrnod, pan oedd wedi bod yn mwynhau parti, gwnaeth Herod rhywbeth ffôl iawn. O flaen pobl bwysig y wlad fe addawodd i ferch Herodias y byddai'n rhoi iddi unrhyw beth y byddai'n gofyn amdano. Dyma Herodias yn gweld ei chyfle ac yn cael ei merch i ofyn am ben Ioan Fedyddiwr.

Mae'r stori hon yn un hynod o drist, ac nid yn unig oherwydd fod Ioan wedi cael ei ladd. Edrychwch ar ddechrau'r darn eto. Pan mae Herod yn clywed am y pethau mae Iesu yn eu gwneud, mae'n dechrau meddwl yn syth fod Ioan wedi dod nôl yn fyw. Mae'n amlwg fod y peth ar ei feddwl a'i fod yn poeni am yr hyn roedd wedi ei wneud. Yn y stori ei hun rydyn ni'n teimlo fod Herod yn agos iawn i dderbyn y neges. Ond roedd e'n poeni'n fwy am y ffordd roedd pobl yn meddwl amdano nag am yr angen i edifarhau a throi at Dduw.

Wnaeth dim byd newid i Herod. Rydyn ni'n clywed ar ddiwedd Efengyl Luc (23: 7-11) ei fod am weld Iesu, ond dim ond er mwyn gweld gwyrth neu arwydd o ryw fath. Pan mae Iesu yn dod o'i flaen mae Herod yn gofyn cwestiynau iddo fel roedd wedi arfer gwneud i Ioan, "...ond nid atebodd Iesu iddo yr un gair." Roedd Herod wedi cael ei gyfle ac wedi ei golli.

CWESTIWN 3: Pam ydych chi'n meddwl fod Herod yn hoffi gwrando ar Ioan?

CWESTIWN 4: Pam roedd geiriau Ioan wedi gwneud Herodias mor grac?

GWEDDIWCH y bydd Duw yn eich gwneud chi mor ddewr â Ioan Fedyddiwr ac yn ddigon gonest i ddweud wrth bobl yr hyn maen nhw angen ei glywed.

Marc 6³⁰⁻⁴⁴

Daeth yr <u>apostolion</u> ynghyd at Iesu a dweud wrtho am yr holl bethau yr oeddent wedi eu gwneud a'u dysgu. A dywedodd wrthynt, "Dewch chwi eich hunain o'r neilltu i le unig a gorffwyswch am dipyn." Oherwydd yr oedd llawer yn mynd a dod, ac nid oedd cyfle iddynt hyd yn oed i fwyta. Ac aethant ymaith yn y cwch i le unig o'r neilltu. Gwelodd llawer hwy'n mynd, a'u hadnabod, a rhedasant ynghyd i'r fan, dros y tir o'r holl drefi, a chyrraedd o'u blaen. Pan laniodd Iesu gwelodd dyrfa fawr, a thosturiodd wrthynt am eu bod fel defaid heb fugail; a dechreuodd ddysgu llawer iddynt. Pan oedd hi eisoes wedi mynd yn hwyr ar y dydd daeth ei ddisgyblion ato a dweud, "Y mae'r lle yma'n unig ac y mae hi eisoes yn hwyr. Gollwng hwy, iddynt fynd i'r wlad a'r pentrefi o amgylch i brynu tipyn o fwyd iddynt eu hunain." Atebodd yntau hwy, "Rhowch chwi rywbeth i'w fwyta iddynt." Meddent wrtho, "A ydym i fynd i brynu bara gwerth dau gant o ddarnau arian, a'i roi iddynt i'w fwyta?" Meddai yntau wrthynt, "Pa sawl torth sydd gennych? Ewch i edrych." Ac wedi cael gwybod dywedasant, "Pump, a dau bysgodyn." Gorchmynnodd iddynt beri i bawb eistedd yn gwmnïoedd ar y glaswellt. Ac eisteddasant yn rhesi, bob yn gant a hanner cant. Yna cymerodd y pum torth a'r ddau bysgodyn, a chan edrych i fyny i'r nef a bendithio, torrodd y torthau a'u rhoi i'w ddisgyblion i'w gosod gerbron y bobl; rhannodd hefyd y ddau bysgodyn rhwng pawb. Bwytasant oll a chael digon. A chodasant ddeuddeg basgedaid o dameidiau bara, a pheth o'r pysgod. Ac yr oedd y rhai oedd wedi bwyta'r torthau yn bum mil o wŷr.

Geiriau Anodd

Apostolion: Rhai sydd wedi eu hanfon. Enw arall am ddeuddeg disgybl Iesu.

CWESTIWN 1: Sut y byddech chi'n disgwyl i Iesu ymateb wrth i'r bobl hyn ei ddilyn i bob man?

CWESTIWN 2: Ym mha ffyrdd mae bugail yn gofalu am ei ddefaid?

Hyd yn hyn rydyn ni wedi cael ein cyflwyno sawl tro i'r ffaith mai Iesu yw'r Brenin. Yn rhyfedd iawn mae cysylltiad yn aml yn cael ei wneud yn y Beibl rhwng y brenin fel arweinydd y bobl ac un o swyddi isaf y gymdeithas – bugail. Mae'r Hen Destament yn aml yn disgrifio pobl Dduw fel defaid sydd angen bugail. Mae gan fugail gyfrifoldeb mawr dros ei ddefaid – mae'n eu harwain, yn gwylio drostynt, yn eu hamddiffyn, yn eu bwydo, a hyd yn oed yn rhoi ei fywyd drostynt os bydd angen.

Pan mae Iesu yn edrych ar y dyrfa hon sydd wedi rhedeg ar ei ôl er mwyn gwrando arno, mae'n sylweddoli eu bod nhw fel defaid. Maen nhw angen rhywun i ofalu amdanynt, i ddangos y ffordd iddynt ac i ddarparu ar gyfer eu hanghenion. A dyna'n union mae'n ei wneud. Mae'n dechrau drwy eu dysgu yr hyn maen nhw angen ei glywed ac yna mewn ffordd gwbl wyrthiol yn bwydo 5000 o ddynion (heb sôn am y merched a'r plant) â phum torth a dau bysgodyn.

Ond mae Iesu eisiau i'r bobl weld mwy na'r ffaith ei fod yn athro da sy'n gallu darparu gwledd i'w ddilynwyr. Mae'r darn hwn yn cynnwys sawl adlais o'r Hen Destament. Yn gyntaf mae'n cael y bobl i eistedd ar y 'glaswellt'. Mae Marc yn gwneud pwynt o nodi fod y borfa'n wyrdd. Mae hyn yn ein hatgoffa o Salm 23. Yno, Duw ei hun yw'r bugail sy'n gwneud i'w bobl orwedd mewn porfeydd breision (h.y. glaswellt!). Yr ail beth mae Iesu yn ei wneud fan hyn yw rhoi bara i nifer fawr o bobl mewn lle unig iawn. Mae hyn yn ein hatgoffa yn syth o'r ffordd y gwnaeth Duw ei hun fwydo'r Israeliaid â manna tra oeddynt yn yr anialwch. Iesu Grist yw'r Arglwydd Dduw, y Bugail Da a'r Brenin sy'n gofalu am ei bobl.

CWESTIWN 3: Ydych chi'n meddwl fod rheswm pam mae Iesu yn dysgu'r bobl cyn eu bwydo nhw?

CWESTIWN 4: Pam ydych chi'n meddwl fod Iesu yn creu cymaint o fwyd fel bod basgeidiau ar ôl?

GWEDDIWCH ar y Bugail Mawr i'ch gwarchod chi ac i roi'r bwyd corfforol ac ysbrydol rydych chi ei angen.

Yna'n ddi-oed gwnaeth i'w ddisgyblion fynd i'r cwch a hwylio o'i flaen i'r ochr draw, i Bethsaida, tra byddai ef yn gollwng y dyrfa. Ac wedi <u>canu'n iach</u> iddynt aeth ymaith i'r mynydd i weddïo. Pan aeth hi'n hwyr yr oedd y cwch ar ganol y môr, ac yntau ar ei ben ei hun ar y tir. A gwelodd hwy mewn <u>helbul</u> wrth rwyfo, oherwydd yr oedd y gwynt yn eu herbyn, a rhywbryd rhwng tri a chwech o'r gloch y bore daeth ef atynt dan gerdded ar y môr. Yr oedd am fynd heibio iddynt; ond pan welsant ef yn cerdded ar y môr, tybiasant mai <u>drychiolaeth</u> ydoedd, a gwaeddasant, oherwydd gwelodd pawb ef, a dychrynwyd hwy. Siaradodd yntau â hwy ar unwaith a dweud wrthynt, "Codwch eich calon; myfi yw; peidiwch ag ofni." Dringodd i'r cwch atynt, a gostegodd y gwynt. Yr oedd eu syndod yn fawr dros ben, <u>oblegid</u> nid oeddent wedi deall ynglŷn â'r torthau; yr oedd eu meddwl wedi caledu. Wedi croesi at y tir daethant i Genesaret ac angori wrth y lan. Pan ddaethant allan o'r cwch, adnabu'r bobl ef ar unwaith, a dyma redeg o amgylch yr holl fro honno a dechrau cludo'r cleifion ar fatresi i ble bynnag y clywent ei fod ef. A phle bynnag y byddai'n mynd, i bentrefi neu i drefi neu i'r wlad, yr oeddent yn gosod y rhai oedd yn wael yn y <u>marchnadleoedd</u>, ac yn erfyn arno am iddynt gael dim ond cyffwrdd ag ymyl ei fantell. A phawb a gyffyrddodd ag ef, iachawyd hwy.

GEIRIAU ANODD:

Canu'n iach:	Ffarwelio.
Helbul:	Trafferth.
Drychiolaeth:	Ysbryd.
Oblegid:	Oherwydd.
Marchnadleoedd:	Ardaloedd agored lle roedd pobl yn prynu a gwerthu nwyddau.

CWESTIWN 1: Ydych chi'n meddwl y byddai gweld gwyrth yn eich helpu i gredu yn Iesu Grist?

CWESTIWN 2: Pa fath o bethau mae'r bobl rydych chi'n eu hadnabod yn dweud am Iesu?

Mae gan y Saeson ddywediad diddorol iawn – "*You can't see the wood for the trees.*" Yr hyn mae'n ei olygu yw er bod yr hyn rydych chi'n chwilio amdano yn union o'ch blaen, am ryw reswm dydych chi ddim yn gallu ei weld. Mae'n hollol amlwg, ond dydych chi ddim yn ei weld. Wrth ddarllen yr hanes yma am Iesu yn cerdded ar y dŵr ac ymateb y disgyblion, rydych chi'n teimlo fod y disgyblion yn dal yn methu gweld yr hyn oedd o dan eu trwynau. Roedden nhw wedi bod yn teithio gyda Iesu, yn treulio pob dydd yn ei gwmni, wedi gweld ei holl wyrthiau, a doedden nhw *dal* ddim yn deall. Hyd yn oed ar ôl y wyrth ddiwethaf welson nhw o fwydo'r pum mil, dydyn nhw ddim yn gallu credu fod Iesu yn gallu cerdded ar ddŵr ac felly maen nhw'n mynd yn ofnus, ac yna wedi'u drysu.

O ystyried hyn, mae edrych ar ymateb y bobl wedi iddyn nhw lanio yn fwy rhyfeddol fyth. Wrth i'r bobl *hyn* weld Iesu, maen nhw'n sylweddoli pwy yw e yn syth. Dydyn nhw ddim yn oedi o gwbl, ond yn dechrau rhuthro er mwyn dod â phobl at Iesu er mwyn iddo eu gwella. Doedden nhw ddim yn amau o gwbl pwy oedd wedi cyrraedd, na'r ffaith ei fod yn gallu eu helpu. Yn hytrach maen nhw'n dod mewn ffydd, ac mae eu ffydd yn cael ei phrofi'n gywir.

Mae'r hanes yn rhoi rhybudd difrifol i ni. Roedd y disgyblion wedi treulio'r holl amser yna yng nghwmni Iesu, ac eto doedden nhw ddim wedi deall pwy oedd e mewn gwirionedd. Ar y llaw arall roedd y dieithriaid hyn wedi gweld yn syth pwy oedd Iesu, wedi rhedeg ato a derbyn iachâd. Oes perygl ein bod ni yn treulio llawer o'n hamser yn mynd i'r capel a phethau felly, ond eto heb adnabod Iesu?

CWESTIWN 3: Beth ydych chi'n credu roedd Iesu eisiau'i ddangos i'r disgyblion drwy gerdded ar y dŵr?

CWESTIWN 4: Sut ydych chi'n meddwl roedd y disgyblion yn teimlo wrth sylweddoli mai Iesu oedd yno?

GWEDDIWCH y bydd Duw yn caniatáu i chi weld mai Iesu yw'r Brenin sy'n gallu eich achub, credu ynddo fe, a rhedeg ato.

Ymgasglodd y Phariseaid ato, a rhai ysgrifenyddion oedd wedi dod o Jerwsalem. A gwelsant fod rhai o'i ddisgyblion ef yn bwyta'u bwyd â dwylo halogedig, hynny yw, heb eu golchi. (Oherwydd nid yw'r Phariseaid, na neb o'r Iddewon, yn bwyta heb olchi eu dwylo hyd yr arddwrn, gan lynu wrth draddodiad yr <u>hynafiaid</u>; ac ni fyddant byth yn bwyta, ar ôl dod o'r farchnad, heb ymolchi; ac y mae llawer o bethau eraill a etifeddwyd ganddynt i'w cadw, megis golchi cwpanau ac <u>ystenau</u> a llestri pres.) Gofynnodd y Phariseaid a'r ysgrifenyddion iddo, "Pam nad yw dy ddisgyblion di'n dilyn traddodiad yr hynafiaid, ond yn bwyta'u bwyd â dwylo halogedig?" Dywedodd yntau wrthynt, "Da y proffwydodd Eseia amdanoch chwi <u>ragrithwyr</u>, fel y mae'n ysgrifenedig: 'Y mae'r bobl hyn yn fy anrhydeddu â'u gwefusau, ond y mae eu calon ymhell oddi wrthyf; yn ofer y maent yn fy addoli, gan ddysgu gorchmynion dynol fel athrawiaethau.' Yr ydych yn anwybyddu gorchymyn Duw ac yn glynu wrth draddodiad dynol." Meddai hefyd wrthynt, "Rhai da ydych chwi am wrthod gorchymyn Duw er mwyn cadarnhau eich traddodiad eich hunain. Oherwydd dywedodd Moses, 'Anrhydedda dy dad a'th fam', a, 'Bydded farw'n gelain y sawl a felltithia ei dad neu ei fam.' Ond yr ydych chwi'n dweud, 'Os dywed rhywun wrth ei dad neu ei fam, "Corban (hynny yw, Offrwm i Dduw) yw beth bynnag y gallasit ei dderbyn yn gymorth gennyf fi",' ni adewch iddo mwyach wneud dim i'w dad neu i'w fam. Yr ydych yn dirymu gair Duw trwy'r traddodiad a drosglwyddir gennych. Ac yr ydych yn gwneud llawer o bethau cyffelyb i hynny." Galwodd y dyrfa ato drachefn ac meddai wrthynt, "Gwrandewch arnaf bawb, a deallwch. Nid oes dim sy'n mynd i mewn i rywun o'r tu allan iddo yn gallu ei halogi; ond y pethau sy'n dod allan o rywun, dyna sy'n ei halogi." Ac wedi iddo fynd i'r tŷ oddi wrth y dyrfa, dechreuodd ei ddisgyblion ei holi am y ddameg. Meddai yntau wrthynt, "A ydych chwithau hefyd yr un mor ddi-ddeall? Oni welwch na all dim sy'n mynd i mewn i rywun o'r tu allan ei halogi, oherwydd nid yw'n mynd i'w galon ond i'w <u>gylla</u>, ac yna y mae'n mynd allan i'r <u>geudy</u>?" Felly y cyhoeddodd ef yr holl fwydydd yn lân. Ac meddai, "Yr hyn sy'n dod allan o rywun, dyna sy'n ei halogi. Oherwydd o'r tu mewn, o galon dynion, y daw allan feddyliau drwg, puteinio, lladrata, llofruddio, <u>godinebu</u>, <u>trachwantu</u>, <u>anfadwaith</u>, twyll, <u>anlladrwydd</u>, cenfigen, cabledd, balchder, <u>ynfydrwydd</u>; o'r tu mewn y mae'r holl ddrygau hyn yn dod ac yn halogi rhywun."

Hynafiaid:	Rhagflaenwyr	Ceudy:	Tŷ bach.
Ystenau:	Llestri oedd yn dal dŵr.	Godinebu:	Cael perthynas rywiol â pherson sy'n briod â rhywun arall.
Rhagrithwyr:	Pobl sydd yn dweud un peth, ond yn gwneud rhywbeth arall.	Trachwantu:	Eisiau rhywbeth yn fawr iawn.
		Anfadwaith:	Drygioni.
		Anlladrwydd:	Chwant.
Cylla:	Stumog.	Ynfydrwydd:	Ffolineb.

CWESTIWN 1: Beth ydych chi'n meddwl sy'n gwneud person yn frwnt?

CWESTIWN 2: Oes modd i berson edrych yn lân ar y tu allan ond dal yn frwnt y tu mewn?

Ydych chi erioed wedi cael y profiad o godi afal sgleiniog, dim ond i'w gnoi a chael bod y canol wedi mynd yn ddrwg? Doedd dim ots sut roedd y tu allan yn edrych os oedd y tu mewn wedi pydru. Rydyn ni wedi dod ar draws y Phariseaid sawl gwaith yn barod, ac yn awr rydyn ni'n mynd at wraidd eu problem.

Y cyfan oedd yn bwysig i'r bobl hyn oedd y ffordd roedden nhw'n edrych ar y tu allan. Roedden nhw'n dilyn y gyfraith yn fanwl a hyd yn oed yn ychwanegu at yr hyn roedd y gyfraith yn ei ddweud am fod yn lân, oherwydd roedden nhw eisiau i bawb weld pa mor dda oedden nhw. Ond roedden nhw wedi colli golwg ar y ffaith mai'r rheswm roedd Duw wedi rhoi'r gyfraith yn y lle cyntaf oedd i ddangos nad oedden nhw'n lân ar y tu mewn. Er mwyn dangos hyn, mae Iesu'n rhoi enghraifft iddyn nhw. Mae'n ymddangos fod y dynion hyn, yn hytrach na helpu eu rhieni tlawd, yn ceisio edrych yn dda trwy roi'r arian i'r deml. Ond wrth roi'r argraff eu bod nhw'n plesio Duw, roedden nhw'n torri'r gyfraith sy'n dweud bod angen anrhydeddu eich tad a'ch mam.

Yr hyn mae Iesu yn ei ddweud yw nad y pethau allanol fel y rheolau bwyd a glendid yw'r broblem. Onid yw hynny'n amlwg? Mae'r pethau rydyn ni'n eu bwyta yn mynd trwy ein cyrff, heb effeithio ar y galon. Y galon yw'r broblem sy'n achosi i ni wneud pethau sydd ddim yn plesio Duw ac yn ein gwneud ni'n frwnt yn ei olwg. Petai eu calonnau nhw'n iawn, yna fe fydden nhw'n gallu dilyn y rheolau eraill am y rhesymau cywir.

CWESTIWN 3: Beth oedd y Phariseaid wedi'i gamddeall?

CWESTIWN 4: Os calon person sydd yn ei wneud yn frwnt, beth ydych chi'n meddwl sydd angen digwydd?

GWEDDÏWCH y bydd Duw yn newid eich calon, fel eich bod chi'n gwneud pethau sy'n ei blesio.

23 - GOBAITH I BAWB

MARC 7²⁴⁻³⁰

Cychwynnodd oddi yno ac aeth ymaith i <u>gyffiniau</u> Tyrus. Aeth i dŷ, ac ni fynnai i neb wybod; ond ni lwyddodd i ymguddio. Ar unwaith clywodd gwraig amdano, gwraig yr oedd gan ei merch fach ysbryd aflan, a daeth a syrthiodd wrth ei draed ef. Groeges oedd y wraig, <u>Syroffeniciad o genedl</u>; ac yr oedd yn gofyn iddo fwrw'r cythraul allan o'i merch. Meddai yntau wrthi, "Gad i'r plant gael digon yn gyntaf; nid yw'n deg cymryd bara'r plant a'i daflu i'r cŵn." Atebodd hithau ef, "Syr, y mae hyd yn oed y cŵn o dan y bwrdd yn bwyta o friwsion y plant." "Am iti ddweud hynny," ebe yntau, "dos adref; y mae'r cythraul wedi mynd allan o'th ferch." Aeth hithau adref a chafodd y plentyn yn gorwedd ar y gwely, a'r cythraul wedi mynd ymaith.

GEIRIAU ANODD:

Cyffiniau: Ardal.

Syroffeniciad o genedl: Yn dod o ardal Ffenicia,
          ac felly ddim yn Iddew.

CWESTIWN 1: Ydych chi erioed wedi gorfod ymbil ar rywun i'ch helpu chi?

CWESTIWN 2: Pam ydych chi'n meddwl bod Iesu i'w weld mor galed wrth y wraig?

Mae'r hanes hwn yn un anodd i'w ddeall, ac felly mae'n bwysig iawn ein bod ni'n ymwybodol o'r cyd-destun. Y bobl roedd Iesu wedi dod atynt oedd yr Iddewon. Dyma oedd y bobl roedd Duw wedi penderfynu y byddai mewn perthynas arbennig â nhw. Wedi dweud hynny, mae'r Hen Destament hefyd yn dweud yn glir y bydd yr holl fyd yn cael ei fendithio drwy'r Iddewon. Pan ddaeth Iesu i'r byd, dod fel Brenin yr Iddewon a wnaeth. Rhan o drefn Duw oedd y byddai ei bobl ei hun yn ei wrthod, a thrwy yr aberth a gynigodd ar y groes y byddai rhyddid i **unrhyw un** i ddod i berthynas â Duw.

Yn ystod y cyfnod pan oedd Iesu yn gwneud ei waith ymhlith yr Iddewon, dyma wraig o wlad arall yn dod ato er mwyn gofyn iddo helpu ei merch. Ymateb Iesu iddi oedd fod yr amser heb ddod eto, ond yn hytrach fod rhaid i'r newyddion da gael ei gynnig i'r Iddewon yn gyntaf. I wneud hyn mae'n defnyddio'r darlun o gymryd bwyd oddi ar blât plant y teulu er mwyn bwydo'r cŵn.

Mae ffydd y fenyw yn drawiadol. Yn hytrach na digalonni neu wylltio, mae hi'n derbyn y ffaith nad yw hi'n haeddu dim, ac yn defnyddio'r un darlun i'w mantais. Mae'r cŵn yn dal i gael eu bwydo, naill ai gan y plant eu hunain neu gyda gweddillion y bwyd. Mae'n amlwg yn credu y byddai helpu ei merch yn beth mor fach i Iesu â briwsion yn syrthio oddi ar fwrdd.

Unwaith eto rydym yn gweld mai ffydd rhywun sydd yn bwysig, nid o ba wlad roedden nhw'n dod. Y newyddion da i ni heddiw yw fod gwahoddiad bellach i bawb o bob cenedl i ddod at Iesu, i gael eu mabwysiadu yn blant i Dduw, ac i gael eu digoni.

CWESTIWN 3: Ydych chi'n meddwl fod Duw weithiau yn profi eich ffydd?

CWESTIWN 4: Pa wersi allwn ni eu dysgu gan agwedd y wraig?

GWEDDÏWCH am y gallu i fyw mewn ffordd sy'n dangos eich bod yn blentyn i Dduw, a diolchwch iddo ei fod yn derbyn unrhyw un sy'n dod ato mewn ffydd.

MARC 7³¹⁻³⁷

Dychwelodd drachefn o gyffiniau Tyrus, a daeth drwy Sidon at Fôr Galilea trwy ganol bro'r Decapolis. Dygasant ato ddyn <u>byddar</u> oedd prin yn gallu siarad, a cheisio ganddo roi ei law arno. Cymerodd yntau ef o'r neilltu oddi wrth y dyrfa ar ei ben ei hun; rhoes ei fysedd yn ei glustiau, poerodd, a chyffyrddodd â'i dafod; a chan edrych i fyny i'r nef ochneidiodd a dweud wrtho, "Ephphatha", hynny yw, "Agorer di". Agorwyd ei glustiau ar unwaith, a <u>datodwyd rhwym</u> ei dafod a dechreuodd lefaru'n eglur. A gorchmynnodd iddynt beidio â dweud wrth neb; ond po fwyaf yr oedd ef yn gorchymyn iddynt, mwyaf yn y byd yr oeddent hwy'n cyhoeddi'r peth. Yr oeddent yn synnu'n fawr dros ben, gan ddweud, "Da y gwnaeth ef bob peth; y mae'n gwneud hyd yn oed i fyddariaid glywed ac i fudion lefaru."

GEIRIAU ANODD:

Byddar: Methu clywed.
Datod rhwym: Agor rhywbeth sydd wedi'i rwymo.

CWESTIWN 1: Ydych chi erioed wedi clywed rhywun yn dweud sut y daeth yn Gristion?

CWESTIWN 2: Pam ydych chi'n meddwl fod hanes pawb yn wahanol?

Mae bob amser yn hyfryd clywed rhywun yn esbonio sut y daeth i gredu yn Iesu Grist. Mae'n rhyfedd meddwl fod pob hanes yr un peth oherwydd mai gwaith Duw ydyw yng nghalon y person, ac eto mae'r union brofiadau a digwyddiadau ym mywyd y person hwnnw yn golygu fod pob stori yn wahanol.

Allwch chi ddim cael esiampl fwy gwahanol a rhyfedd na'r un rydym yn mynd i edrych arni heddiw. Roedd y dyn mewn sefyllfa hynod o drist. Doedd e ddim yn gallu clywed pobl eraill yn siarad, a doedd e braidd yn gallu dweud dim wrthyn nhw. Yng nghanol y sefyllfa anobeithiol honno mae ffrindiau'r dyn yn ei arwain at yr unig un a allai ei helpu, Iesu o Nasareth. Roedd rhai pobl wedi cael eu gwella trwy ddim ond cyffwrdd yn ei wisg. Ond nid dyna sy'n digwydd y tro hwn. Mae Iesu yn cymryd y dyn i'r naill ochr ac yn gwneud rhywbeth sy'n edrych yn rhyfedd iawn i ni – mae'n rhoi ei fysedd yng nghlustiau'r dyn ac yna'n rhoi ychydig o boer ar ei dafod. Wedyn mae'n dweud wrth glustiau a thafod y dyn i agor, a dyna sy'n digwydd yn syth.

Doedd dim angen i Iesu wneud y pethau hyn. Ond oherwydd mai dim ond gweld roedd y dyn yn gallu gwneud mewn gwirionedd, dyma fe'n ei wella mewn ffordd hynod o weledol. Wrth edrych i'r nefoedd tra oedd yn gwneud y pethau hyn, roedd Iesu'n dangos yn hollol glir i'r dyn ac i bawb ei fod yn helpu'r dyn yma yn nerth Duw. Mae'n drawiadol nodi'r ffaith fod Iesu'n ochneidio wrth iddo weld y ffordd mae pechod y byd hwn yn golygu fod pobl yn dioddef.

Does dim byd gwell na chael rhannu eich profiad ysbrydol â phobl eraill. A dyma'n union sy'n digwydd yma. Y peth cyntaf mae'r dyn eisiau ei wneud â'i dafod yw siarad am yr hyn mae Iesu wedi ei wneud. Ac mae ei ffrindiau yr un fath yn mynnu sôn am y pethau da roedd Iesu yn eu cyflawni.

CWESTIWN 3: Beth mae'r ffaith fod Iesu wedi ochneidio wrth wella'r dyn yn ei ddangos i ni?

CWESTIWN 4: Ydych chi'n awyddus i rannu eich tystiolaeth?

GWEDDIWCH y bydd Duw yn helpu chi i weld cymaint y mae wedi ei wneud trosoch ac y bydd yn rhoi dyhead ynoch chi i rannu eich profiad â phobl eraill.

Yn y dyddiau hynny, a'r dyrfa unwaith eto'n fawr a heb ddim i'w fwyta, galwodd ei ddisgyblion ato, ac meddai wrthynt, "Yr wyf yn tosturio wrth y dyrfa, oherwydd y maent wedi bod gyda mi <u>dridiau</u> erbyn hyn, ac nid oes ganddynt ddim i'w fwyta. Ac os anfonaf hwy adref <u>ar eu cythlwng</u>, llewygant ar y ffordd; y mae rhai ohonynt wedi dod o bell." Atebodd ei ddisgyblion ef, "Sut y gall neb gael digon o fara i fwydo'r rhain mewn lle anial fel hyn?" Gofynnodd iddynt, "Pa sawl torth sydd gennych?" "Saith," meddent hwythau. Gorchmynnodd i'r dyrfa eistedd ar y ddaear. Yna cymerodd y saith torth, ac wedi diolch fe'u torrodd a'u rhoi i'w ddisgyblion i'w gosod gerbron; ac fe'u gosodasant gerbron y dyrfa. Ac yr oedd ganddynt ychydig o bysgod bychain; ac wedi eu bendithio, dywedodd am osod y rhain hefyd ger eu bron. Bwytasant a chael digon, a chodasant y tameidiau oedd yn weddill, llond saith <u>cawell</u>. Yr oedd tua phedair mil ohonynt. Gollyngodd hwy ymaith. Ac yna aeth i mewn i'r cwch gyda'i ddisgyblion, a daeth i ardal Dalmanwtha. Daeth y Phariseaid allan a dechrau dadlau ag ef. Yr oeddent yn ceisio ganddo arwydd o'r nef, i roi prawf arno. Ochneidiodd yn ddwys ynddo'i hun. "Pam," meddai, "y mae'r genhedlaeth hon yn ceisio arwydd? Yn wir, rwy'n dweud wrthych, ni roddir arwydd i'r genhedlaeth hon." A gadawodd hwy a mynd i'r cwch drachefn a hwylio ymaith i'r ochr draw. Yr oeddent wedi anghofio dod â bara, ac nid oedd ganddynt ond un dorth gyda hwy yn y cwch. A dechreuodd eu <u>siarsio</u>, gan ddweud, "Gwyliwch, <u>ymogelwch</u> rhag <u>surdoes</u> y Phariseaid a surdoes Herod." Ac yr oeddent yn trafod ymhlith ei gilydd y ffaith nad oedd ganddynt fara. Deallodd yntau hyn, ac meddai wrthynt, "Pam yr ydych yn trafod nad oes gennych fara? A ydych eto heb weld na deall? A yw eich meddwl wedi troi'n ystyfnig? A llygaid gennych, onid ydych yn gweld, ac a chlustiau gennych, onid ydych yn clywed? Onid ydych yn cofio? Pan dorrais y pum torth i'r pum mil, pa sawl basgedaid lawn o dameidiau a godasoch?" Meddent wrtho, "Deuddeg." "Pan dorrais y saith i'r pedair mil, llond pa sawl cawell o dameidiau a godasoch?" "Saith," meddent. Ac meddai ef wrthynt, "Onid ydych eto'n deall?"

GEIRIAU ANODD:

Tridiau:	Tri diwrnod.
Ar eu cythlwng:	Eisiau bwyd yn fawr.
Cawell:	Basged.
Siarsio:	Rhybuddio'n gryf.
Ymogelu:	Osgoi.
Surdoes:	Burum.

CWESTIWN 1: Pam rydym weithiau mor araf i ddysgu gwers?

CWESTIWN 2: Beth ydych chi'n credu roedd Iesu'n siarad amdano wrth gyfeirio at 'surdoes' y Phariseaid?

Roedd Marc 7:31-37 yn sôn am ddyn byddar oedd yn cael trafferth siarad, a'r ffordd y gwnaeth Iesu ei helpu. Yr hyn sy'n dod yn amlwg wrth ddarllen yr hanes yma yw mai problem y disgyblion oedd eu bod nhw'n ddall!

Meddyliwch am beth sy'n digwydd fan hyn. Unwaith eto mae nifer fawr o bobl wedi dilyn Iesu i fan pell lle does dim bwyd ar gael iddyn nhw. Am ryw reswm dydy'r disgyblion ddim yn credu ei bod yn bosibl i'w bwydo nhw i gyd, er bod Iesu ychydig ynghynt wedi llwyddo i fwydo tipyn mwy o bobl gyda hyd yn oed lai o fara a physgod! Wrth gwrs dydy Iesu ddim yn cael unrhyw drafferth i wneud yr un peth eto.

Wedi hwylio i ardal arall, rydym yn gweld y Phariseaid yn dod ato ac yn gofyn am gael gweld gwyrth er mwyn profi ei awdurdod. Mae'n siŵr eich bod chi a fi wedi colli cyfri o'r holl bethau anhygoel mae Iesu wedi eu gwneud hyd yn hyn, ac eto maen nhw eisiau gweld rhagor. Yn yr un ffordd ag yr ochneidiodd Iesu wrth weld dylanwad trist pechod ar fywyd y dyn byddar, yn awr mae'n ochneidio am fod pechod y bobl hyn wedi eu gwneud mor ddall i'r gwirionedd.

Wedi gadael yno, mae Iesu yn rhybuddio ei ddilynwyr i beidio â bod fel yr arweinwyr crefyddol, ond maen nhw'n camddeall yn llwyr. Maen nhw'n credu fod Iesu yn rhoi stŵr iddynt am anghofio dod â mwy nag un dorth o fara. Mae bron yn anodd peidio â chwerthin ar y disgyblion fan hyn. Dydyn nhw ddim yn gallu gweld, os gwnaeth Iesu fwydo pum mil â phum torth a phedair mil â saith torth (a llawer o fwyd dros ben), y byddai'n rhwydd yn gallu eu bwydo nhw ag un dorth! Mae'n amlwg eu bod nhw wedi syrthio i'r un bai â'r Phariseaid. Roedden nhw'n barnu pob peth o'r tu allan, yn llythrennol, heb weld y gwirionedd. Doedden nhw ddim wedi deall fod pob peth yn bosibl gyda Duw.

CWESTIWN 3: Ydych chi weithiau yn anghofio'r pethau anhygoel mae Duw wedi eu gwneud yn y gorffennol?

CWESTIWN 4: Pam y mae'n bwysig i ni osgoi syniadau anghywir fel rhai'r Phariseaid a Herod?

GWEDDIWCH y bydd Duw yn eich atgoffa bob dydd o'i fawredd, ac yn eich cadw rhag syrthio i gredu pethau sydd ddim yn wir a dibynnu arnoch eich hunain.

Daethant i Bethsaida. A dyma hwy'n dod â dyn dall ato, ac yn erfyn arno i gyffwrdd ag ef. Gafaelodd yn llaw'r dyn dall a mynd ag ef allan o'r pentref, ac wedi poeri ar ei lygaid rhoes ei ddwylo arno a gofynnodd iddo, "A elli di weld rhywbeth?" Edrychodd i fyny, ac meddai, "Yr wyf yn gweld pobl, maent yn edrych fel coed yn cerdded oddi amgylch." Yna rhoes ei ddwylo <u>drachefn</u> ar ei lygaid ef. <u>Craffodd</u> yntau, ac <u>adferwyd</u> ef; yr oedd yn gweld popeth yn eglur o bell. Anfonodd ef adref, gan ddweud, "Paid â mynd i mewn i'r pentref."

Aeth Iesu a'i ddisgyblion allan i bentrefi Cesarea Philipi, ac ar y ffordd holodd ei ddisgyblion: "Pwy," meddai wrthynt, "y mae pobl yn dweud ydwyf fi?" Dywedasant hwythau wrtho, "Mae rhai'n dweud Ioan Fedyddiwr, ac eraill Elias, ac eraill drachefn, un o'r proffwydi." Gofynnodd ef iddynt, "A chwithau, pwy meddwch chwi ydwyf fi?" Atebodd Pedr ef, "Ti yw'r <u>Meseia</u>." Rhybuddiodd hwy i beidio â dweud wrth neb amdano. Yna dechreuodd eu dysgu bod yn rhaid i Fab y Dyn ddioddef llawer, a chael ei wrthod gan yr henuriaid a'r prif offeiriaid a'r ysgrifenyddion, a'i ladd, ac ymhen tridiau atgyfodi. Yr oedd yn llefaru'r gair hwn yn gwbl agored. A chymerodd Pedr ef ato a dechrau ei geryddu. Troes yntau, ac wedi edrych ar ei ddisgyblion ceryddodd Pedr. "Dos ymaith o'm golwg, Satan," meddai, "oherwydd nid ar bethau Duw y mae dy fryd ond ar bethau dynol." Galwodd ato'r dyrfa ynghyd â'i ddisgyblion a dywedodd wrthynt, "Os myn neb ddod ar fy ôl i, rhaid iddo <u>ymwadu</u> ag ef ei hun a chodi ei groes a'm canlyn i. Oherwydd pwy bynnag a fyn gadw ei fywyd, fe'i cyll, ond pwy bynnag a <u>gyll</u> ei fywyd er fy mwyn i a'r Efengyl, fe'i ceidw. Pa elw a gaiff rhywun o ennill yr holl fyd a fforffedu ei fywyd? Oherwydd beth a all rhywun ei roi'n gyfnewid am ei fywyd? Pwy bynnag fydd â chywilydd ohonof fi ac o'm geiriau yn y genhedlaeth annuwiol a phechadurus hon, bydd ar Fab y Dyn hefyd gywilydd ohonynt hwy, pan ddaw yng ngogoniant ei Dad gyda'r angylion sanctaidd." Meddai hefyd wrthynt, "Yn wir, rwy'n dweud wrthych, y mae rhai o'r sawl sy'n sefyll yma na phrofant flas marwolaeth nes iddynt weld teyrnas Dduw wedi dyfod mewn nerth."

GEIRIAU ANODD:

Trachefn:	Unwaith eto.	Meseia:	Un wedi ei ddewis gan Dduw.
Craffu:	Edrych yn ofalus.	Ymwadu:	Cefnu.
Adfer:	Cael yn ôl.	Cyll:	A fydd yn colli.

CWESTIWN 1: Ydych chi erioed wedi meddwl eich bod chi'n deall rhywbeth, ac yna sylweddoli mai dim ond hanner y gwir roeddech chi wedi ei weld?

CWESTIWN 2: Beth mae Iesu eisiau dangos drwy'r ffordd mae'n gwella'r dyn?

Mae rhan gynta'r hanes hwn braidd yn od. Oes rhywbeth yn bod ar Iesu? Y tro cyntaf iddo wella'r dyn dall mae'n gweld ychydig, ond yn aneglur. Felly mae Iesu yn gorfod rhoi ei ddwylo arno eto, a'r tro hwn mae'n gallu gweld yn glir. Beth yn y byd sy'n digwydd fan hyn? Weithiau mae Iesu yn gwneud pethau sy'n edrych yn rhyfedd er mwyn esbonio rhywbeth i'w ddisgyblion. Wrth gario ymlaen i ddarllen, rydyn ni'n gweld mai dyma sy'n digwydd yma.

Rydyn ni wedi gweld sawl tro fod y disgyblion fel petaen nhw'n methu gweld pwy oedd Iesu. Ond yn awr, pan mae Iesu yn gofyn iddyn nhw pwy maen nhw'n meddwl yw e, mae Pedr yn rhoi'r ateb cywir – Iesu yw'r Meseia. Fe yw'r un roedd y bobl yn aros amdano, yr un oedd wedi ei ddewis gan Dduw i achub a rhyddhau ei bobl. Mae'n ymddangos fod y disgyblion yn dechrau gweld y gwirionedd. Ond y gwir yw eu bod nhw fel y dyn dall oedd yn gallu gweld rhywfaint, tra bod y manylion yn aneglur. Wrth i Iesu esbonio fod yn rhaid iddo ddioddef, marw ac yna atgyfodi, mae Pedr yn dangos nad yw'n deall. Nid dyma roedden nhw'n disgwyl fyddai'n digwydd i'r Meseia ac felly mae'n dechrau dweud y drefn wrth Iesu! Doedd y disgyblion ddim wedi deall beth fyddai'r Brenin yn gorfod ei wneud, na'r math o fywyd roedd e'n eu galw nhw i'w fyw. Felly mae Iesu yn galw'r bobl i gyd ato ac yn esbonio iddyn nhw ei fod yn mynd i roi ei fywyd drostynt a bod disgwyl iddyn nhw roi eu bywydau iddo fe. Mae'n gorffen drwy ddweud y bydd amser yn dod pan fyddan nhw'n gweld Iesu yn cael ei ladd ac yna atgyfodi ac y byddan nhw'n derbyn yr Ysbryd Glân. Yna byddan nhw'n gweld yn hollol glir, ac yn gallu dweud y newyddion da wrth eraill.

CWESTIWN 3: Beth mae Iesu'n ei olygu wrth ein galw ni i godi ein croes a'i ddilyn?

CWESTIWN 4: Pa bethau sydd angen i chi roi'r gorau iddynt er mwyn dilyn Iesu?

GWEDDÏWCH y bydd Duw yn agor eich llygaid i weld yn glir, a'ch galluogi i roi eich bywyd i gyd iddo ef.

MARC 9²⁻¹³

Ymhen chwe diwrnod dyma Iesu'n cymryd Pedr ac Iago ac Ioan ac yn mynd â hwy i fynydd uchel o'r neilltu ar eu pennau eu hunain. A gweddnewidiwyd ef yn eu gŵydd hwy, ac aeth ei ddillad i ddisgleirio'n glaerwyn, y modd na allai unrhyw bannwr ar y ddaear eu gwynnu. Ymddangosodd Elias iddynt ynghyd â Moses; ymddiddan yr oeddent â Iesu. A dywedodd Pedr wrth Iesu, "Rabbi, y mae'n dda ein bod ni yma; gwnawn dair pabell, un i ti ac un i Moses ac un i Elias." Oherwydd ni wyddai beth i'w ddweud; yr oeddent wedi dychryn cymaint. A daeth cwmwl yn cysgodi drostynt; a dyma lais o'r cwmwl, "Hwn yw fy Mab, yr Anwylyd; gwrandewch arno." Ac yn ddisymwth, pan edrychasant o amgylch, ni welsant neb mwyach ond Iesu yn unig gyda hwy. Wrth iddynt ddod i lawr o'r mynydd rhoddodd orchymyn iddynt beidio â dweud wrth neb am y pethau a welsant, nes y byddai Mab y Dyn wedi atgyfodi oddi wrth y meirw. Daliasant ar y gair, gan holi yn eu plith eu hunain beth oedd ystyr atgyfodi oddi wrth y meirw. A gofynasant iddo, "Pam y mae'r ysgrifenyddion yn dweud bod yn rhaid i Elias ddod yn gyntaf?" Meddai yntau wrthynt, "Y mae Elias yn dod yn gyntaf ac yn adfer pob peth. Ond sut y mae'n ysgrifenedig am Fab y Dyn, ei fod i ddioddef llawer a chael ei ddirmygu? Ond rwy'n dweud wrthych fod Elias eisoes wedi dod, a gwnaethant iddo beth bynnag a fynnent, fel y mae'n ysgrifenedig amdano."

GEIRIAU ANODD:

Gweddnewidiwyd:	Newidiwyd y ffordd roedd e'n edrych.
Claerwyn:	Mor wyn fel ei fod yn disgleirio.
Pannwr:	Un sy'n glanhau defnydd trwy ei guro.
Ymddiddan:	Siarad.
Rabbi:	Athro.
Disymwth:	Yn sydyn.

CWESTIWN 1: Pa fath o bethau ydych chi'n eu cysylltu â'r gair disglair?

CWESTIWN 2: Ydych chi erioed wedi dweud y peth anghywir oherwydd doeddech chi ddim yn gwybod beth i'w ddweud?

Mae ein cymdeithas ni yn rhoi pwyslais mawr ar fod yn lân. Mae hyn yn arbennig o wir pan mae'n dod i ddillad – nid yw'n dderbyniol i wisgo dillad brwnt. Dyna pam y mae cymaint o hysbysebion ar y teledu yn ceisio gwerthu powdr golchi dillad – maen nhw i gyd yn addo gwneud eich dillad (ac yn arbennig eich dillad gwyn) i edrych yn ddisglair. Yr awgrym yw bod dillad disglair yn eich gwneud chi'n berson gwell.

Ond gyda Iesu, y gwrthwyneb sy'n digwydd. Mae am ddangos i'r tri disgybl oedd agosaf ato rywbeth mwy amdano ef ei hun. Nid ei ddillad sy'n gwneud iddo ddisgleirio; mae ei ddillad ef yn disgleirio *oherwydd* ei berffeithrwydd. Roedd y tri yma yn mynd i arwain yr Eglwys yn y dyfodol, ac felly mae Iesu'n eu paratoi drwy ddangos iddynt ychydig bach o'i fawredd.

Mae'r disgyblion yn gweld Iesu yn siarad â dau ddyn oedd wedi gwneud pethau mawr yn enw Duw. Trwy law Moses derbyniodd Israel y gyfraith, ac roedd Elias yn cael ei weld fel y proffwyd mwyaf. A dyma lle maen nhw, yn cael sgwrs â Iesu.

Does dim syndod nad oedd y disgyblion yn gwybod beth i'w ddweud. Ond mae Pedr yn gwneud camgymeriad drwy awgrymu bod Iesu, Moses ac Elias i gyd yn haeddu yr un faint o anrhydedd. Felly mae Duw'r Tad yn siarad gan ddweud mai Iesu *yn unig* yw ei Fab a bod angen iddyn nhw wrando **arno fe**.

Yr hyn fyddai'n dangos unwaith ac am byth fod Iesu'n dweud y gwir amdano'i hun fyddai ei atgyfodiad o farwolaeth. Ond doedd y disgyblion ddim yn gallu deall beth roedd e'n ei olygu. Maen nhw'n dangos eu diffyg dealltwriaeth wrth holi am Elias. Roedd wedi ei broffwydo y byddai Duw yn anfon Elias i baratoi'r ffordd ar gyfer y Meseia. Ateb Iesu yw fod Ioan Fedyddiwr wedi dod yn ysbryd a nerth Elias i wneud y gwaith hwnnw a'u bod nhw heb ddeall y rhan honno o'r Ysgrythur, na chwaith y rhannau sy'n dweud fod yn rhaid i'r Meseia ddioddef. Ydych chi wedi deall pam y bu raid i Iesu ddioddef trosoch chi?

CWESTIWN 3: Beth ydym ni'n ei ddysgu am Iesu fan hyn?

CWESTIWN 4: Pa sicrwydd mae atgyfodiad Iesu yn ei roi i ni?

GWEDDIWCH am gael gweld mwy o ogoniant Iesu, i ddeall ei air yn well ac i wrando yn astud arno.

MARC 9:14-29

Pan ddaethant at y disgyblion gwelsant dyrfa fawr o'u cwmpas, ac ysgrifenyddion yn dadlau â hwy. Ac unwaith y gwelodd yr holl dyrfa ef fe'u syfrdanwyd, a rhedasant ato a'i gyfarch. Gofynnodd yntau iddynt, "Am beth yr ydych yn dadlau â hwy?" Atebodd un o'r dyrfa ef, "Athro, mi ddois i â'm mab atat; y mae wedi ei <u>feddiannu</u> gan ysbryd mud, a pha bryd bynnag y mae hwnnw'n gafael ynddo y mae'n ei fwrw ar lawr, ac y mae yntau'n <u>malu ewyn</u> ac yn <u>ysgyrnygu ei ddannedd</u> ac yn mynd yn <u>ddiymadferth</u>. A dywedais wrth dy ddisgyblion am ei fwrw allan, ac ni allasant." Atebodd Iesu hwy: "O genhedlaeth ddi-ffydd, pa hyd y byddaf gyda chwi? Pa hyd y <u>goddefaf</u> chwi? Dewch ag ef ataf fi." A daethant â'r bachgen ato. Cyn gynted ag y gwelodd yr ysbryd ef, <u>ysgytiodd</u> y bachgen yn ffyrnig. Syrthiodd ar y llawr a rholio o gwmpas dan falu ewyn. Gofynnodd Iesu i'w dad, "Faint sydd er pan ddaeth hyn arno?" Dywedodd yntau, "O'i blentyndod; llawer gwaith fe'i taflodd i'r tân neu i'r dŵr, i geisio'i ladd. Os yw'n bosibl iti wneud rhywbeth, tosturia wrthym a helpa ni." Dywedodd Iesu wrtho, "Os yw'n bosibl! Y mae popeth yn bosibl i'r sawl sydd â ffydd ganddo." Ar unwaith gwaeddodd tad y plentyn, "Yr wyf yn credu; helpa fi yn fy niffyg ffydd." A phan welodd Iesu fod tyrfa'n rhedeg ynghyd, ceryddodd yr ysbryd aflan. "Ysbryd mud a byddar," meddai wrtho, "yr wyf fi yn gorchymyn iti, tyrd allan ohono a phaid â mynd i mewn iddo eto." A chan weiddi a'i ysgytian yn ffyrnig, aeth yr ysbryd allan. Aeth y bachgen fel corff, nes i lawer ddweud ei fod wedi marw. Ond gafaelodd Iesu yn ei law ef a'i godi, a safodd ar ei draed. Ac wedi iddo fynd i'r tŷ gofynnodd ei ddisgyblion iddo o'r neilltu, "Pam na allem ni ei fwrw ef allan?" Ac meddai wrthynt, "Dim ond trwy weddi y gall y math hwn fynd allan."

GEIRIAU ANODD:

Meddiannu:	Cymryd drosodd.
Malu ewyn:	Poer yn dod dros y gwefusau.
Ysgyrnygu ei ddannedd:	Dannedd yn rhwbio yn erbyn eu gilydd.
Diymadferth:	Heb allu gwneud dim drosto ei hun.
Goddef:	Dioddef.
Ysgytiodd:	Siglodd.

CWESTIWN 1: Petai rhywun yn gofyn i chi beth yw 'ffydd', sut fyddech chi'n ateb?

CWESTIWN 2: Ydych chi byth yn ceisio gwneud pethau dros Dduw yn eich nerth eich hun?

Mae'r darn hwn o Efengyl Marc yn delio â dwy ran hollbwysig o'r bywyd Cristnogol, sef ffydd a gweddi. Rydym yn clywed fod gan ddyn blentyn, a bod y bachgen hwnnw wedi dioddef ers yn ifanc dan ddylanwad ysbryd drwg. Roedd yr ysbryd hwn yn achosi iddo gael ffitiau o ryw fath, a hyd yn oed yn ceisio cael y bachgen i'w ladd ei hunan. Roedd y tad wedi clywed am y ffordd roedd Iesu a'i ddisgyblion wedi bod yn gwella pobl ac roedd yn gobeithio y bydden nhw'n gallu helpu. Ond mae'r disgyblion yn methu gwneud dim. Mae'n edrych fel petaen nhw wedi mynd yn falch a chredu y gallan nhw helpu'r bachgen yn eu nerth eu hunain yn hytrach na gweddïo ar Dduw. Doedd eu hyder nhw ddim yn y lle cywir ac felly roedd eu ffydd yn wan.

Pan mae Iesu'n cyrraedd ac mae'r tad yn gofyn a yw e'n gallu helpu mae Iesu'n esbonio fod unrhyw beth yn bosibl os oes gennych ffydd, os yw eich hyder ynddo fe. Mae ymateb y dyn yn dweud y cyfan – "Rwy yn credu, mae gen i ffydd, ond mae hi'n wan. Helpa fi i gredu." Mae'n amlwg yn sylweddoli ei fod yn methu helpu ei hun na'i fab, ac mae'n gofyn i Iesu am help, ac am y nerth i gredu. Mae'n dibynnu ar Iesu i nerthu ei ffydd.

Wedi i Iesu iacháu'r bachgen, mae'n esbonio i'r disgyblion fod angen gweddi er mwyn cyflawni gweithredoedd fel hyn. Felly, darllenwch y darn eto, ac edrychwch am y weddi. Does dim sôn fod y disgyblion yn gweddïo, na Iesu chwaith. Yr unig berson sy'n galw allan am help yw'r tad. Mae'n gweddïo ar Iesu am help, ac mae Mab Duw yn ateb ei weddi. Felly ffydd yw rhoi eich hyder yn Nuw yn hytrach nag ynoch chi eich hunan, a gweddïo yw galw allan ar Dduw gan sylweddoli eich bod yn methu helpu eich hunan, ac mai dim ond Duw a all eich helpu.

CWESTIWN 3: Pam ydych chi'n meddwl bod y disgyblion wedi mynd yn falch?

CWESTIWN 4: Ydych chi erioed wedi profi diffyg ffydd? Pa bethau a all fod yn help i gryfhau eich ffydd?

GWEDDIWCH ar Dduw i'ch helpu chi yn y mannau hynny lle mae'ch ffydd yn wan, ac i ddibynnu arno ef ym mhob peth.

MARC 9³⁰⁻³⁷

Wedi iddynt adael y lle hwnnw, yr oeddent yn teithio trwy Galilea. Ni fynnai Iesu i neb wybod hynny, oherwydd yr oedd yn dysgu ei ddisgyblion ac yn dweud wrthynt, "Y mae Mab y Dyn yn cael ei <u>draddodi</u> i ddwylo pobl, ac fe'i lladdant ef, ac wedi cael ei ladd, ymhen tri diwrnod fe atgyfoda." Ond nid oeddent hwy'n deall ei eiriau, ac yr oedd arnynt ofn ei holi. Daethant i Gapernaum, ac wedi cyrraedd y tŷ gofynnodd iddynt, "Beth oeddech chwi'n ei drafod ar y ffordd?" Ond <u>tewi</u> a wnaethant, oherwydd ar y ffordd buont yn dadlau â'i gilydd pwy oedd y mwyaf. Eisteddodd i lawr a galwodd y Deuddeg, a dweud wrthynt, "Pwy bynnag sydd am fod yn <u>flaenaf</u>, rhaid iddo fod yn olaf o bawb ac yn was i bawb." A chymerodd blentyn, a'i osod yn eu canol hwy; cymerodd ef i'w freichiau, a dywedodd wrthynt, "Pwy bynnag sy'n derbyn un plentyn fel hwn yn fy enw i, y mae'n fy nerbyn i, a phwy bynnag sy'n fy nerbyn i, nid myfi y mae'n ei dderbyn, ond yr hwn a'm hanfonodd i."

GEIRIAU ANODD:

Traddodi: Ei roi.

Tewi: Mynd yn dawel.

Blaenaf: Mwyaf pwysig.

CWESTIWN 1: Ym mha ffordd mae agwedd Iesu yn wahanol i'w ddisgyblion?

CWESTIWN 2: Sut mae'r hyn mae Iesu'n ei ddweud yn wahanol i'r hyn mae ein cymdeithas yn ei ddysgu?

Rydym wedi sylwi sawl gwaith ar y ffaith fod yr hyn oedd gan Iesu i'w ddweud amdano'i hun a'r gwaith roedd e'n mynd i'w gyflawni yn wahanol iawn i ddisgwyliadau'r bobl oedd o'i amgylch. Roedd ei syniadau mor wahanol nes bod y disgyblion yn methu deall am beth roedd e'n siarad pan oedd e'n sôn am gael ei ladd ac atgyfodi. Mae'n dod yn amlwg nad ydyn nhw chwaith wedi deall sut mae dilynwyr Iesu Grist i fod i drin ei gilydd.

Yn y byd, mae pawb eisiau bod yn bwysig. Mae pobl yn gweithio'n galed dros ben er mwyn gwneud llawer o arian a chael swydd dda lle bydd pobl yn edrych lan atynt. Roedd y disgyblion yn meddwl yn yr un ffordd. Wrth iddyn nhw gerdded gyda'i gilydd roedden nhw yn dadlau pa un ohonynt oedd fwyaf pwysig, pwy oedd y disgybl gorau, pwy ohonyn nhw oedd wedi cyrraedd y lefel uchaf. A'r gwir yw, yn aml rydyn ni hefyd yn gallu meddwl yn yr un ffordd.

Ond ers dechrau llyfr Marc rydym wedi gweld nad Brenin arferol yw Iesu, a bod ei deyrnas yn anarferol hefyd. Daeth yr Arglwydd Iesu Grist i'r byd fel dyn er mwyn gwasanaethu pobl eraill, dioddef, a rhoi ei fywyd dros fyd oedd wedi ei wrthod. Os dyma sut mae'r Brenin yn ymddwyn, yna pa fath o agwedd a ddylai fod gan ei ddilynwyr? Yn gwbl wahanol i beth mae'r byd yn ei ddweud, dyma'r ffordd mae arweinwyr teyrnas Dduw i fod i ymddwyn: os ydych chi am fod yn agos iawn at Dduw, ac yn debyg i'r hyn mae'n ei ddymuno, yna mae angen i chi beidio â meddwl amdanoch eich hunan, a gwneud popeth a allwch chi i *wasanaethu eraill.*

Wrth gwrs roedd perygl y byddai'r disgyblion yn clywed yr hyn roedd Iesu'n ei ddweud a dim ond gwasanaethu oedolion eraill oedd yn haeddu eu parch ac a fyddai'n sylwi ar yr hyn roedden nhw yn ei wneud. Felly mae Iesu yn gosod plentyn o'u blaen ac yn dweud fod hyd yn oed y ffordd roedden nhw'n trin plant i fod i adlewyrchu eu cariad at Dduw. Yr unig ffordd y gallwn ni wasanaethu eraill fel hyn yw os ydym wedi gweld cymaint y mae Duw wedi ein caru ni, drwy anfon ei Fab i farw yn ein lle.

CWESTIWN 3: Sut dylai meddwl am y ffordd y gadawodd Iesu y nefoedd a dioddef drosom, newid ein hagwedd tuag at eraill?

CWESTIWN 4: Pam yr oedd Iesu'n tynnu sylw at y ffordd mae ei ddilynwyr i drin plant?

GWEDDÏWCH ar i Dduw eich gwneud chi yn debyg i Iesu, gan roi i fyny eich hawliau eich hun a gwasanaethu pobl eraill.

MARC 9³⁸⁻⁵⁰

Meddai Ioan wrtho, "Athro, gwelsom un yn bwrw allan gythreuliaid yn dy enw di, a buom yn ei <u>wahardd</u>, am nad oedd yn ein dilyn ni." Ond dywedodd Iesu, "Peidiwch â'i wahardd, oherwydd ni all neb sy'n gwneud gwyrth yn fy enw i roi <u>drygair</u> imi yn fuan wedyn. Y sawl nid yw yn ein herbyn, drosom ni y mae. Oherwydd pwy bynnag a rydd gwpanaid o ddŵr i chwi i'w yfed o achos eich bod yn perthyn i'r Meseia, yn wir, rwy'n dweud wrthych, ni chyll ei wobr. "A phwy bynnag sy'n achos cwymp i un o'r rhai bychain hyn sy'n credu ynof fi, byddai'n well iddo fod wedi ei daflu i'r môr â <u>maen melin</u> mawr <u>ynghrog</u> am ei wddf. Os bydd dy law yn achos cwymp iti, tor hi ymaith; y mae'n well iti fynd i mewn i'r bywyd yn <u>anafus</u> na mynd, a'r ddwy law gennyt, i uffern, i'r tân <u>anniffoddadwy</u>. Ac os bydd dy droed yn achos cwymp iti, tor ef ymaith; y mae'n well iti fynd i mewn i'r bywyd yn gloff na chael dy daflu, a'r ddau droed gennyt, i uffern. Ac os bydd dy lygad yn achos cwymp iti, tyn ef allan; y mae'n well iti fynd i mewn i deyrnas Dduw yn unllygeidiog na chael dy daflu, a dau lygad gennyt, i uffern, lle nid yw eu pryf yn marw na'r tân yn diffodd. Oblegid fe <u>helltir</u> pob un â thân. Da yw'r halen, ond os paid yr halen â bod yn hallt, â pha beth y rhowch flas arno? Bydded gennych halen ynoch eich hunain, a byddwch heddychlon tuag at eich gilydd."

GEIRIAU ANODD:

Gwahardd:	Dweud wrth rywun i beidio â gwneud rhywbeth.
Drygair:	Gair cas.
Maen melin:	Carreg fawr oedd yn cael ei ddefnyddio i falu ŷd.
Ynghrog:	Yn hongian.
Anafus:	Wedi brifo.
Anniffoddadwy:	Yn methu cael ei ddiffodd.
Helltir:	Roedd pobl yn defnyddio halen i halltu cig er mwyn ei gadw rhag pydru.

CWESTIWN 1: Pam y mae pechod yn beth mor ddifrifol?

CWESTIWN 2: Ydych chi erioed wedi barnu Cristion arall oherwydd ei fod yn gwneud rhai pethau yn wahanol i chi?

Rydyn ni'n aml yn feirniadol o bobl eraill os nad ydyn nhw yn gwneud pethau yn union yr un ffordd â ni. Rydym yn hoffi meddwl mai gennym ni y mae'r ateb i bopeth, ac felly rydym yn amau pobl sydd yn ymddwyn yn wahanol.

Ar ddiwedd Marc 9:30-37 fe ddywedodd Iesu ei bod yn bwysig i groesawu hyd yn oed plant bach yn ei enw ef. Mae Ioan yn rhyfeddu at yr awgrym y dylid derbyn pawb. Felly dyma fe'n dweud wrth Iesu am y ffordd roedd e a'r disgyblion wedi rhwystro dyn rhag helpu pobl yn enw Iesu Grist oherwydd nad oedd yn un ohonyn nhw. Ond roedd y dyn hwnnw yn llwyddo i wneud pethau mawr yn enw Iesu, oherwydd ei fod wedi credu ynddo. Roedd y disgyblion yn ceisio cyfyngu pwy oedd yn cael dilyn Iesu.

Ymateb Iesu yw dweud, os nad yw rhywun yn elyn i waith Duw, yna maen nhw ar yr un ochr. Roedd y disgyblion yn ceisio rhwystro rhywun oedd yn credu yn Iesu. Mae hyn yn bechod difrifol sy'n ei gwneud hi'n anodd i'r person arall ddilyn Iesu. Y rheswm mae pechod mor ddifrifol yw oherwydd mae'n arwain i uffern, sy'n lle dychrynllyd. Mae'n lle o boen a dioddefaint sydd angen ei osgoi. Does dim byd yn fwy pwysig na sicrhau nad ydych yn mynd yno – hyd yn oed petai hynny'n golygu torri rhannau o'ch corff i ffwrdd. Wrth gwrs dydy Iesu ddim yn disgwyl i ni ddechrau gwneud hyn go iawn oherwydd nid ein llygaid na'n dwylo na'n traed sy'n achosi i ni bechu ond ein calon. Gan nad ydym yn gallu torri honno allan, mae angen i Dduw roi calon newydd i ni. Wedi i hynny ddigwydd, fe fydd yn bosibl i ni dorri allan y pethau hynny yn ein bywyd sy'n ein harwain i bechu.

Ar ddiwedd amser mae pob un ohonom yn mynd i gael ein barnu gan Dduw. Os ydyn ni am gael ein derbyn gan Dduw, yna mae'n rhaid i ni fod yn bur y tu mewn. Fel mae halen yn cadw pethau yn bur, rhaid i ni gael ein golchi yn lân gan Iesu Grist. Heb hyn fe fyddwn fel halen sydd wedi colli ei halltrwydd – yn amhur ac yn dda i ddim byd ond i gael ein dinistrio yn y tân. Un arwydd bod Duw wir ar waith yn ein bywyd yw y ffaith na fyddwn ni ddim yn rhwystro pobl eraill sy'n dibynnu ar Iesu Grist, ond yn byw mewn heddwch ag eraill.

CWESTIWN 3: Ym mha ffyrdd gallwch chi gael gwared ar bechod yn eich bywyd?

CWESTIWN 4: Pa effaith ddylai feddwl am realiti uffern ei chael arnom ni?

GWEDDIWCH gan ddiolch i Iesu ei fod e wedi dioddef uffern ar y groes, fel bod dim rhaid i chi wneud.

Cychwynnodd oddi yno a daeth i <u>diriogaeth</u> Jwdea a'r tu hwnt i'r Iorddonen. Daeth tyrfaoedd ynghyd ato drachefn, a thrachefn yn ôl ei arfer dechreuodd eu dysgu. A daeth Phariseaid ato a gofyn iddo a oedd yn gyfreithlon i ŵr <u>ysgaru</u> ei wraig; rhoi prawf arno yr oeddent. Atebodd yntau hwy gan ofyn, "Beth a orchmynnodd Moses i chwi?" Dywedasant hwythau, "Rhoddodd Moses ganiatâd i ysgrifennu llythyr ysgar a'i hanfon ymaith." Ond meddai Iesu wrthynt, "Oherwydd eich ystyfnigrwydd yr ysgrifennodd ef y gorchymyn hwn ichwi. Ond o ddechreuad y greadigaeth, yn wryw a benyw y gwnaeth Duw hwy. Dyna pam y bydd dyn yn gadael ei dad a'i fam ac yn glynu wrth ei wraig, a bydd y ddau yn un cnawd. Gan hynny nid dau mohonynt mwyach, ond un cnawd. Felly, yr hyn a gysylltodd Duw, peidied neb ei wahanu." Wedi mynd yn ôl i'r tŷ, holodd ei ddisgyblion ef ynghylch hyn. Ac meddai wrthynt, "Pwy bynnag sy'n ysgaru ei wraig ac yn priodi un arall, y mae'n godinebu yn ei herbyn hi; ac os bydd iddi hithau ysgaru ei gŵr a phriodi un arall, y mae hi'n godinebu."

GEIRIAU ANODD:

Tiriogaeth: Ardal.

Ysgaru: Torri perthynas.

CWESTIWN 1: Beth yw'r pethau sy'n gwneud priodas yn bwysig?

CWESTIWN 2: Beth mae'n golygu i ddweud wrth briodi nad dau berson sydd yno bellach, ond un cnawd?

Ers blynyddoedd, mae ein cymdeithas wedi colli golwg ar beth mor dda a difrifol yw priodas. Yn hytrach na'i gweld hi fel cytundeb i dreulio gweddill eich bywyd gyda pherson arall gan garu a chefnogi eich gilydd wrth wasanaethu Duw, mae llawer o bobl yn meddwl mai rhywbeth dros dro yw hi, sy'n gallu cael ei dorri os ydych chi'n newid eich meddwl. Mae'n siŵr fod pob un ohonom ni wedi gweld effeithiau trist priodas yn torri.

Hyd yn oed yn nyddiau Iesu, roedd llawer o ddadlau am pryd roedd hi'n iawn i chi ysgaru eich gwraig. Mae'r Phariseaid yn dod at Iesu unwaith eto er mwyn gweld beth oedd ganddo fe i'w ddweud ar y pwnc. I ddechrau mae Iesu yn gofyn iddyn nhw beth mae'r gyfraith Iddewig yn ei ddweud. Mae'n amlwg fod y gyfraith (a ddaeth trwy Moses) yn caniatáu ysgariad oherwydd fod calonnau'r bobl yn galed. Yr hyn y mae Iesu am iddyn nhw ei weld yw nid beth oedd y safon isaf roedd Duw yn ei chaniatáu iddyn nhw, ond beth oedd ei ddymuniad ar eu cyfer. Mae'n dweud wrthyn nhw i gofio am y ffordd y creodd Duw bobl yn wryw a benyw. Mae priodas yn dda oherwydd dyma'r patrwm mae Duw wedi ei drefnu – fod un dyn ac un fenyw yn gadael eu teuluoedd ac yn ffurfio teulu newydd. Mae'r ddau berson gwahanol yma yn cysylltu'n llwyr â'i gilydd, gan ddod yn un corff, er mwyn helpu ei gilydd i wasanaethu Duw a magu plant mewn cartref cariadus.

Os yw hyn yn wir, os yw priodas yn golygu eich bod yn un corff â'r person arall, yna'r peth olaf ddylai fod ar eich meddwl yw cael eich rhannu oddi wrth y person hwnnw. Yr agwedd y dylem ei chael wrth briodi yw ein bod yn mynd i fod gyda'r person arall nes bod marwolaeth yn ein gwahanu.

Yn rhyfeddol iawn mae rhannau eraill o'r Testament Newydd yn dysgu fod priodas yn ddarlun o'r berthynas rhwng Iesu Grist (y gŵr) a'r Eglwys (y wraig). Mae'r darlun hwn yn dweud llawer o bethau wrthym, ond o weld agwedd Iesu at briodas mae'n roi sicrwydd i ni na fydd ef byth yn torri'r berthynas honno.

CWESTIWN 3: Wrth feddwl am y ffordd y creodd Duw un dyn ac un fenyw, beth mae hyn yn dweud wrthym am y berthynas gywir rhwng gŵr a gwraig?

CWESTIWN 4: Pam ydych chi'n credu y cynlluniodd Duw'r ffordd hon o gael perthynas?

GWEDDÏWCH os bwriad Duw yw i chi briodi, y bydd yn rhoi doethineb i chi wrth ddewis cymar am oes, a nerth i barhau yn y berthynas honno am weddill eich bywyd.

MARC 10¹³⁻¹⁶

Yr oeddent yn dod â phlant ato, iddo gyffwrdd â hwy. Ceryddodd y disgyblion hwy, ond pan welodd Iesu hyn aeth yn <u>ddig</u>, a dywedodd wrthynt, "Gadewch i'r plant ddod ataf fi; peidiwch â'u rhwystro, oherwydd i rai fel hwy y mae teyrnas Dduw yn perthyn. Yn wir, rwy'n dweud wrthych, pwy bynnag nad yw'n derbyn teyrnas Dduw yn null plentyn, nid â byth i mewn iddi." A chymerodd hwy yn ei freichiau a'u bendithio, gan roi ei ddwylo arnynt.

GEIRIAU ANODD:

Dig: Crac.

CWESTIWN 1: Pa fath o bethau sydd efallai yn newid wrth i blant dyfu?

CWESTIWN 2: Os yw plentyn yn gallu deall digon i fod yn Gristion, beth mae hyn yn dweud wrthym am newyddion da Iesu Grist?

Ydych chi wedi clywed yr ymadrodd, *"Children should be seen and not heard"*? Mae'n awgrymu nad yw plant mor bwysig ag oedolion a bod angen iddyn nhw gadw'n dawel. Mae'n ymddangos fod y disgyblion yn meddwl rhywbeth yn debyg.

Wrth i bobl ddod â'u plant i gael eu bendithio gan Iesu, mae'r disgyblion yn ceisio eu rhwystro. Roedden nhw'n meddwl y byddai'r Brenin yn llawer rhy brysur i ddelio â phlant bach, fod llawer o bethau gwell ganddo i'w wneud â'i amser. Ond fel y gwelsom ym Marc 9:30-7, roedd gan Iesu agwedd hyfryd tuag at blant. Yn wir, yr hyn mae Iesu'n ei ddweud yn yr adran hon yw fod gan bob un ohonom rywbeth i'w ddysgu gan blant! Mae Iesu'n dweud fod teyrnas Dduw yn perthyn i rai fel plant, ac mai'r unig ffordd i gael mynediad i'r deyrnas yw cael agwedd plentyn. A yw hyn yn golygu mai dim ond plant sy'n gallu cael eu hachub gan Iesu Grist? Os felly, dydy hynny ddim yn newyddion da i'r holl bobl hynny sy'n oedolion pan maen nhw'n clywed am Iesu y tro cyntaf. Yn amlwg nid dyna mae Iesu yn ei feddwl, neu ni fyddai wedi gwastraffu cymaint o amser yn siarad ag oedolion!

Beth mae Iesu yn ei feddwl yw, os ydych chi eisiau bod yn rhan o deyrnas Dduw, yna mae'n rhaid i'ch agwedd chi fod yr un peth â phlentyn. Beth yw agwedd plentyn? Mae dau beth amlwg y gallwn ni ei ddweud. Mae plant yn dibynnu ar bobl eraill. Dydyn nhw ddim yn gallu gwneud pethau drostyn nhw eu hunain, ond maen nhw'n gofyn i'w rhieni. Felly, mae pob Cristion yn gorfod derbyn nad yw'n gallu helpu ei hunan, a bod *rhaid dibynnu ar Dduw.* Fe yn unig sy'n gallu achub. Yn ail, mae plant i fod i wrando ar eu rhieni ac i gredu yr hyn maen nhw'n ei ddweud. Hyd yn oed os nad ydyn nhw'n deall popeth, maen nhw'n gwybod bod eu rhieni yn eu caru ac felly maen nhw'n gwrando ac yn credu. Yn yr un ffordd mae'r Cristion i fod i wrando ar yr hyn mae Duw yn ei ddweud *a chredu.* Er nad ydym yn deall popeth, rydym yn gwybod fod Duw wedi ein caru achos anfonodd Iesu Grist i farw trosom.

CWESTIWN 3: A yw agwedd Iesu at blant beth fyddech chi'n ei ddisgwyl?
CWESTIWN 4: Sut mae hyn yn mynd i newid y ffordd rydym ni'n rhannu'r neges?

GWEDDÏWCH am help i ddibynnu ar Dduw ac i gredu ynddo fe, fel plentyn.

Wrth iddo fynd i'w daith, rhedodd rhyw ddyn ato a phenlinio o'i flaen a gofyn iddo, "Athro da, beth a wnaf i etifeddu bywyd tragwyddol?" A dywedodd Iesu wrtho, "Pam yr wyt yn fy ngalw i yn dda? Nid oes neb da ond un, sef Duw. Gwyddost y gorchmynion: 'Na ladd, na odineba, na ladrata, na <u>chamdystiolaetha</u>, na <u>chamgolleda</u>, anrhydedda dy dad a'th fam.'" Meddai yntau wrtho, "Athro, yr wyf wedi cadw'r rhain i gyd o'm hieuenctid." Edrychodd Iesu arno ac fe'i hoffodd, a dywedodd wrtho, "Un peth sy'n eisiau ynot; dos, gwerth y cwbl sydd gennyt a dyro i'r tlodion, a chei drysor yn y nef; a thyrd, canlyn fi." Cymylodd ei wedd ar y gair, ac aeth ymaith yn drist, oherwydd yr oedd yn berchen meddiannau lawer. Edrychodd Iesu o'i gwmpas ac meddai wrth ei ddisgyblion, "Mor anodd fydd hi i rai cyfoethog fynd i mewn i deyrnas Dduw!" Syfrdanwyd y disgyblion gan ei eiriau, ond meddai Iesu wrthynt drachefn, "Blant, mor anodd yw mynd i mewn i deyrnas Dduw! Y mae'n haws i gamel fynd trwy <u>grau nodwydd</u> nag i rywun cyfoethog fynd i mewn i deyrnas Dduw." Synasant yn fwy byth, ac meddent wrth ei gilydd, "Pwy ynteu all gael ei achub?" Edrychodd Iesu arnynt a dywedodd, "Gyda dynion y mae'n amhosibl, ond nid gyda Duw. Y mae pob peth yn bosibl gyda Duw." Dechreuodd Pedr ddweud wrtho, "Dyma ni wedi gadael pob peth ac wedi dy ganlyn di." Meddai Iesu, "Yn wir, rwy'n dweud wrthych, nid oes neb a adawodd dŷ neu frodyr neu chwiorydd neu fam neu dad neu blant neu diroedd er fy mwyn i ac er mwyn yr Efengyl, na chaiff dderbyn ganwaith cymaint yn awr yn yr amser hwn, yn dai a brodyr a chwiorydd a mamau a phlant a thiroedd, ynghyd ag erledigaethau, ac yn yr oes sy'n dod fywyd tragwyddol. Ond bydd llawer sy'n flaenaf yn olaf, a'r rhai olaf yn flaenaf."

GEIRIAU ANODD:

Camdystiolaethu:	Dweud celwydd.
Camgolledu:	Achosi colled i rywun.
Crau nodwydd:	Y twll bach ar ben nodwydd.

CWESTIWN 1: Beth yw'r peth mwyaf pwysig yn eich bywyd chi?

CWESTIWN 2: Wrth edrych ar y darn, beth oedd yn cadw'r dyn rhag dilyn Iesu?

Un o'r delweddau mwyaf poblogaidd o Gristnogion y gorffennol yw mynachod (*monks*). Roedd y bobl yma yn ymwrthod â'u holl arian ac eiddo, ac yn gadael eu teulu a'u ffrindiau er mwyn byw bywyd caled o dlodi. Roedden nhw'n gwneud hyn er mwyn treulio amser yn meddwl am Dduw, ac er mwyn dianc o demtasiynau'r byd.

Wrth ddarllen geiriau Iesu fan hyn, mae'n rhwydd deall sut y gallai pobl feddwl mai dyma roedd Duw yn ei ddisgwyl. Ond ai dyna mae Iesu yn ei ddweud mewn gwirionedd? Dydyn ni ddim wedi ei glywed e'n dweud hynny wrth bawb, felly oes rhywbeth arbennig am y sefyllfa hon?

Mae'r ateb i'w gael yn y frawddeg, "Cymylodd ei wedd ar y gair, ac aeth ymaith yn drist, *oherwydd yr oedd yn berchen meddiannau lawer.*" Wrth drafod safon berffaith Duw, mae'r dyn yn amlwg yn teimlo ei fod wedi gwneud popeth sydd ei angen er mwyn mynd i'r nefoedd. Ond pan mae Iesu'n awgrymu fod angen iddo roi ei eiddo i ffwrdd, mae'r syniad yn torri ei galon. Roedd hynny'n gofyn gormod. Yn amlwg y pethau oedd wir yn bwysig iddo ef oedd faint o arian oedd ganddo a beth roedd pobl yn meddwl ohono. Mae Iesu'n egluro fod pobl gyfoethog mewn perygl mawr, oherwydd fod dilyn Duw yn edrych iddyn nhw fel aberth fawr. Mae'n defnyddio'r enghraifft chwerthinllyd o gamel yn mynd drwy nodwydd, ac yn dweud fod hynny'n rhwyddach nag i berson cyfoethog fynd i'r nefoedd. Ac eto'r gwir yw na fyddai neb yn cael ei achub heb i Dduw weithio yn ei galon.

Yr hyn sy'n dod yn amlwg yw nad yw aberthu popeth er mwyn dilyn Iesu Grist yn golled o gwbl. Yn gyntaf mae ei ddilynwyr yn derbyn yr holl freintiau o fod yn rhan o'i Eglwys. Ond mae hefyd yr addewid y byddan nhw'n derbyn gwobr yn y nefoedd – trysor llawer gwell, sy'n para am byth. Nid faint o arian sydd gennym yn y bywyd hwn sy'n ein gwneud ni'n gyfoethog, ond y ffaith ein bod wedi derbyn bywyd tragwyddol drwy gredu yn Iesu. Wedi'r cyfan, onid yw Duw gymaint yn well nag unrhyw beth y gall y byd ei gynnig?

CWESTIWN 3: Ydych chi'n meddwl eich bod ar eich colled o ddilyn Iesu?

CWESTIWN 4: Sut ddylai'r hyn mae Iesu yn ei ddweud effeithio ar y ffordd rydym ni'n meddwl am arian ac eiddo?

GWEDDÏWCH mai Iesu Grist fydd y trysor mwyaf gwerthfawr yn eich bywyd, a hefyd am nerth i ddefnyddio popeth sydd gennych er ei ogoniant.

Yr oeddent ar y ffordd yn mynd i fyny i Jerwsalem, ac Iesu'n mynd o'u blaen. Yr oedd <u>arswyd</u> arnynt, ac ofn ar y rhai oedd yn canlyn. Cymerodd y Deuddeg ato drachefn a dechreuodd sôn wrthynt am yr hyn oedd i ddigwydd iddo: "Dyma ni'n mynd i fyny i Jerwsalem; fe gaiff Mab y Dyn ei draddodi i'r prif offeiriaid a'r ysgrifenyddion; <u>condemniant</u> ef i farwolaeth, a'i drosglwyddo i'r Cenhedloedd; a <u>gwatwarant</u> ef, a phoeri arno a'i <u>fflangellu</u> a'i ladd, ac wedi tridiau fe <u>atgyfoda</u>." Daeth Iago ac Ioan, meibion Sebedeus, ato a dweud wrtho, "Athro, yr ydym am iti wneud i ni y peth a ofynnwn gennyt." Meddai yntau wrthynt, "Beth yr ydych am imi ei wneud i chwi?" A dywedasant wrtho, "Dyro i ni gael eistedd, un ar dy law dde ac un ar dy law chwith yn dy ogoniant." Ac meddai Iesu wrthynt, "Ni wyddoch beth yr ydych yn ei ofyn. A allwch chwi yfed y cwpan yr wyf fi yn ei yfed, neu gael eich bedyddio â'r bedydd y bedyddir fi ag ef?" Dywedasant hwythau wrtho, "Gallwn." Ac meddai Iesu wrthynt, "Cewch yfed y cwpan yr wyf fi yn ei yfed, a bedyddir chwi â'r bedydd y bedyddir fi ag ef, ond eistedd ar fy llaw dde neu ar fy llaw chwith, nid gennyf fi y mae'r hawl i'w roi; y mae'n perthyn i'r rhai y mae wedi ei ddarparu ar eu cyfer." Pan glywodd y deg, aethant yn ddig wrth Iago ac Ioan. Galwodd Iesu hwy ato ac meddai wrthynt, " Gwyddoch fod y rhai a ystyrir yn <u>llywodraethwyr</u> ar y Cenhedloedd yn arglwyddiaethu arnynt, a'u gwŷr mawr hwy yn dangos eu hawdurdod drostynt. Ond nid felly y mae yn eich plith chwi; yn hytrach, pwy bynnag sydd am fod yn fawr yn eich plith, rhaid iddo fod yn was i chwi, a phwy bynnag sydd am fod yn flaenaf yn eich plith, rhaid iddo fod yn gaethwas i bawb. Oherwydd Mab y Dyn, yntau, ni ddaeth i gael ei wasanaethu ond i wasanaethu, ac i roi ei einioes yn <u>bridwerth</u> dros lawer."

GEIRIAU ANODD:

Arswyd:	Dychryn.
Condemnio:	Dyfarnu'n euog, a dweud beth fydd cosb rhywun.
Gwatwar:	Gwneud hwyl ar ben rhywun.
Fflangellu:	Chwipio.
Atgyfodi:	Dod nôl yn fyw.
Llywodraethwyr:	Pobl sy'n rheoli.
Pridwerth:	Pris sy'n cael ei dalu i ryddhau carcharor.

CWESTIWN 1: Pam rydych chi'n meddwl fod Iesu yn dweud wrth y disgyblion gymaint o weithiau beth oedd yn mynd i ddigwydd iddo?

CWESTIWN 2: Pa fath o bethau ydych chi'n gofyn i Iesu amdanynt?

Mae pob Cristion wedi cael y profiad o syrthio i'r un temtasiwn fwy nag unwaith. Yn yr adnodau hyn rydym yn gweld dau o'r disgyblion yn gwneud camgymeriad tebyg iawn i'r un wnaethon nhw ym Marc 9:30-37, sef camddeall beth sy'n gwneud dilynwyr Iesu yn bwysig.

Wrth deithio i Jerwsalem gyda'i ddisgyblion, roedd Iesu yn gwybod fod cyfnod allweddol o'i waith yn dod yn agos. Felly unwaith eto mae'n ceisio eu paratoi ar gyfer yr hyn sy'n mynd i ddigwydd. Mae'n esbonio sut fydd rhaid iddo gael ei wrthod gan ei bobl ei hun cyn cael ei ddirmygu a'i ladd gan y Rhufeiniaid – ac ar ôl tri diwrnod dod nôl yn fyw. Ond dydy'r disgyblion *dal* ddim yn deall! Maen nhw'n dal i feddwl fod teyrnas y Brenin Iesu yn debyg i deyrnasoedd y byd. Felly mae'r ddau frawd, Iago ac Ioan, yn dod at Iesu ac yn gofyn rhywbeth mawr ganddo. Pan fydd Iesu yn rheoli, a gân nhw eistedd ar y naill ochr a'r llall iddo, yn y llefydd gorau? Maen nhw'n dal i boeni pwy yw'r disyblion mwyaf pwysig! Maen nhw hyd yn oed yn credu eu bod nhw'n haeddu'r llefydd hyn ac y gallen nhw wynebu yr hyn mae Iesu yn mynd i'w wynebu. Ond er eu bod yn mynd i ddioddef a chael eu lladd fel Iesu, Duw'r Tad sydd i benderfynu pwy fydd yn eistedd wrth ochr Iesu yn y nefoedd.

Mae gweddill y disgyblion yn flin iawn fod y brodyr wedi gofyn y fath beth (efallai oherwydd eu bod nhw heb feddwl gwneud eu hunain!). Felly, mae'n rhaid i Iesu unwaith eto bwysleisio iddyn nhw nad dyna'r ffordd mae teyrnas Dduw yn gweithio. Dydy pobl Dduw ddim i fod i gystadlu â'i gilydd er mwyn ceisio bod y mwyaf amlwg, mwyaf adnabyddus, mwyaf pwysig – **dyna fel mae'r byd yn meddwl**. Na, yn union fel y daeth Iesu Grist, y Brenin ei hun, i wasanaethu pobl eraill yn hytrach nag ef ei hun, mae disgwyl i'w ddilynwyr feddwl mwy am eraill nag amdanyn nhw eu hunain. Mae bywyd y Cristion yn un o wasanaethu eraill, a cheisio gwneud yr hyn sydd orau ar eu cyfer.

CWESTIWN 3: Sut ddylai'r hanes yma ddylanwadu ar y pethau rydym ni'n gofyn i Dduw amdanynt?

CWESTIWN 4: Beth mae'n ei olygu i ymddwyn fel gwas?

GWEDDÏWCH y bydd Duw yn eich cadw chi rhag cwympo i'r un bai, ac am nerth i wneud yr hyn sy'n dda yn ei olwg drwy wasanaethu eraill.

35-GALW AR IESU

Daethant i Jericho. Ac fel yr oedd yn mynd allan o Jericho gyda'i ddisgyblion a chryn dyrfa, yr oedd mab Timeus, Bartimeus, <u>cardotyn</u> dall, yn eistedd ar fin y ffordd. A phan glywodd mai Iesu o Nasareth ydoedd, dechreuodd weiddi a dweud, "Iesu, Fab Dafydd, trugarha wrthyf." Ac yr oedd llawer yn ei geryddu ac yn dweud wrtho am dewi; ond yr oedd yntau'n gweiddi'n uwch fyth, "Fab Dafydd, trugarha wrthyf." Safodd Iesu, a dywedodd, "Galwch arno." A dyma hwy'n galw ar y dyn dall ac yn dweud wrtho, "Cod dy galon a saf ar dy draed; y mae'n galw arnat." Taflodd yntau ei <u>fantell</u> oddi arno, <u>llamu</u> ar ei draed a dod at Iesu. Cyfarchodd Iesu ef a dweud, "Beth yr wyt ti am i mi ei wneud iti?" Ac meddai'r dyn dall wrtho, "<u>Rabbwni</u>, y mae arnaf eisiau cael fy ngolwg yn ôl." Dywedodd Iesu wrtho, "Dos, y mae dy ffydd wedi dy iacháu di." A chafodd ei olwg yn ôl yn y fan, a dechreuodd ei ganlyn ef ar hyd y ffordd.

GEIRIAU ANODD:

Cardotyn: Person sy'n byw trwy ofyn i eraill am arian.
Mantell: Clogyn.
Llamu: Neidio.
Rabbwni: Athro.

CWESTIWN 1: Pam, yn eich tyb chi, mae Bartimeus mor awyddus i ddod at Iesu?

CWESTIWN 2: Beth ydych chi'n meddwl yw'r rheswm mae Bartimeus yn dilyn Iesu ar ddiwedd y stori?

Yn aml iawn yn llyfr Marc mae'n ymddangos mai'r bobl sy'n gweld pethau fwyaf clir yw pobl ddall! Mae hynny yn wir eto fan hyn. Doedd Bartimeus ddim yn gallu gweld dim byd ac oherwydd hynny doedd e ddim yn gallu gweithio. Yr unig ffordd roedd e'n llwyddo i aros yn fyw oedd drwy ofyn i bobl eraill am bethau. Wrth glywed fod Iesu yn mynd heibio, mae'n dechrau gweiddi nerth ei ben am help. Pan mae Iesu yn ei alw draw, mor frwdfrydig oedd ei ymateb. Yn gyntaf, mae'n taflu ei got i ffwrdd. Cofiwch, roedd y dyn yma'n dlawd iawn ac felly roedd ei got yn werthfawr iddo ac yn bwysig i'w gadw'n gynnes. Yna, mae'n neidio ar ei draed ac yn dod yn syth. Ond nid gofyn am arian neu fwyd mae Bartimeus y tro yma. Roedd e'n gwybod fod Iesu yn wahanol. Roedd pobl eraill yn gallu rhoi arian neu bwyd iddo, **ond roedd gan Iesu bŵer i'w wella.** Roedd ganddo ffydd fod Iesu yn gallu rhoi ei olwg yn ôl iddo. Ond sut y gallai fod mor sicr?

Mae Bartimeus yn defnyddio enw i alw ar Iesu nad ydym wedi ei glywed o'r blaen, sef Mab Dafydd. Roedd Duw wedi addo yn yr Hen Destament y byddai'n anfon Brenin arall fyddai'n dod o deulu arweinydd enwocaf Israel, y Brenin Dafydd. Roedd Bartimeus dall wedi gweld yn gwbl glir mai Iesu oedd y Meseia, yr un roedd Duw wedi ei addo i fod yn Frenin ar bobl Dduw. Roedd yn gweld fod Duw wedi anfon Iesu i ddinistrio pechod, ac i ddod â theyrnas newydd i rym.

Unwaith eto mae'r adnodau hyn yn gofyn i ni chwilio ein calonnau ein hunain. Ydyn ni wedi derbyn mai Iesu Grist yw'r Brenin o linach Dafydd? Ydyn ni wedi gadael y pethau oedd arfer bod yn bwysig i ni a rhedeg at Iesu wrth iddo ein galw? Ydy Iesu wedi delio â'n pechod ni, a'n rhyddhau i'w ddilyn ef?

CWESTIWN 3: Wrth weld Bartimeus yn cario ymlaen i alw, sut ddylai hyn effeithio ar ein gweddïau ni?

CWESTIWN 4: Oes peryg ein bod ni yn defnyddio Iesu i geisio cael yr hyn rydym ni ei eisiau ac yna peidio â'i ddilyn e?

GWEDDÏWCH gan ddiolch i Dduw am anfon ei Fab, y Brenin, i ddelio â phroblem pechod.

36-CROESAWU'R BRENIN

Pan ddaethant yn agos i Jerwsalem, at Bethffage a Bethania, ger Mynydd yr Olewydd, anfonodd ddau o'i ddisgyblion, ac meddai wrthynt, "Ewch i'r pentref sydd gyferbyn â chwi, ac yn syth wrth ichwi fynd i mewn iddo, cewch <u>ebol</u> wedi ei rwymo, un nad oes neb wedi bod ar ei gefn erioed. Gollyngwch ef a dewch ag ef yma. Ac os dywed rhywun wrthych, 'Pam yr ydych yn gwneud hyn?' dywedwch, 'Y mae ar y Meistr ei angen, a bydd yn ei anfon yn ôl yma <u>yn union deg</u>.' " Aethant ymaith a chawsant ebol wedi ei rwymo wrth ddrws y tu allan ar yr heol, a gollyngasant ef. Ac meddai rhai o'r sawl oedd yn sefyll yno wrthynt, "Beth ydych yn ei wneud, yn gollwng yr ebol?" Atebasant hwythau fel yr oedd Iesu wedi dweud, a gadawyd iddynt fynd. Daethant â'r ebol at Iesu a bwrw eu mentyll arno, ac eisteddodd yntau ar ei gefn. <u>Taenodd</u> llawer eu mentyll ar y ffordd, ac eraill ganghennau deiliog yr oeddent wedi eu torri o'r meysydd. Ac yr oedd y rhai ar y blaen a'r rhai o'r tu ôl yn gweiddi: "<u>Hosanna</u>! <u>Bendigedig</u> yw'r un sy'n dod yn enw'r Arglwydd. Bendigedig yw'r deyrnas sy'n dod, teyrnas ein tad Dafydd; Hosanna yn y goruchaf!" Aeth i mewn i Jerwsalem ac i'r <u>deml</u>, ac wedi edrych o'i gwmpas ar bopeth, gan ei bod eisoes yn hwyr, aeth allan i Fethania gyda'r Deuddeg.

GEIRIAU ANODD:

Ebol:	Asyn ifanc.
Yn union deg:	Yn syth.
Taenodd:	Gwasgarodd.
Hosanna:	Mae hyn yn air o fawl i Dduw sy'n galw arno i achub ei bobl.
Bendigedig:	Yn haeddu mawl.
Teml:	Dyma oedd canolbwynt y grefydd Iddewig, lle roedd offeiriaid yn aberthu anifeiliaid i Dduw er mwyn gwneud yn iawn am bechod y bobl.

CWESTIWN 1: Ydych chi erioed wedi gweld brenin neu frenhines yn gorymdeithio?

CWESTIWN 2: Beth ydych chi'n meddwl roedd Iesu yn ceisio ei ddysgu yma?

Ym Marc 1:1-8, gwelsom Ioan Fedyddiwr yn gwneud gwaith negesydd o baratoi'r ffordd ar gyfer y Brenin. Ond doedd e ddim yn edrych fel negesydd cyffredin, ac fel rydym ni wedi gweld sawl tro, doedd Iesu ddim y math o frenin roedd pobl yn ei ddisgwyl – mae'n dlawd, mae'n ostyngedig ac mae'n gwasanaethu eraill.

Yn awr, wrth i Iesu gyrraedd Jerwsalem, canolbwynt y grefydd Iddewig, er mwyn cyflawni'r hyn roedd wedi dod i'r byd i'w wneud, dydy e dal ddim yn edrych fel y math o frenin y byddai'r byd yn ei edymygu. Yn hytrach na marchogaeth i mewn gan edrych yn nerthol ar gefn ceffyl, mae Iesu'n dewis eistedd ar gefn asyn bach.

Ond er nad yw e'n edrych fel y bydden ni wedi disgwyl, roedd Iesu unwaith eto yn cyflawni pethau oedd wedi cael eu dweud amdano gan y proffwydi gannoedd o flynyddoedd yn gynt. Roedd y proffwyd Sechareia (9:9) wedi dweud mai dyma'r union ffordd y byddai'r Brenin yn dod i mewn i Jerwsalem.

Mae'r bobl fel petaen nhw wedi gwrando ar Bartimeus, oherwydd maen nhw'n rhoi clod i'r un sy'n dod i eistedd ar orsedd Dafydd. Maen nhw'n dangos parch ato drwy osod dillad a changhennau o dan draed yr ebol. Ar yr un pryd maen nhw'n galw allan ar Dduw i'w hachub, ac yn diolch mai Iesu yw'r Brenin.

Ond fydd yr olygfa hapus hon ddim yn para yn hir. Er bod llawer wedi ymuno yn y dathlu a'r cyffro wrth i Iesu gyrraedd Jerwsalem, mewn ychydig ddyddiau bydd y dorf yn gweiddi geiriau gwahanol iawn. Yn lle rhoi clod i Iesu, byddan nhw'n galw ar y Rhufeiniaid i'w ladd ar groes. Ydych chi'n cofio tir creigiog dameg yr heuwr ym Marc 4:1-20? Roedd y bobl hyn yn derbyn Iesu yn llawen un funud, ond oherwydd bod eu ffydd heb ei gwreiddio yn ddwfn yn Iesu, dim ond dilyn y dorf maen nhw.

CWESTIWN 3: Oes perygl ein bod ni weithiau yn gwneud pethau da neu ddrwg oherwydd fod pawb arall yn eu gwneud?

CWESTIWN 4: Pam roedd y bobl yn galw ar Dduw i'w hachub?

GWEDDÏWCH gan roi mawl i Dduw. Mae Iesu yn fendigedig, ac mae ei deyrnas yn wych.

MARC 11¹²⁻²⁶

Trannoeth, wedi iddynt ddod allan o Fethania, daeth <u>chwant</u> bwyd arno. A phan welodd o bell <u>ffigysbren</u> ac arno ddail, aeth i edrych tybed a gâi rywbeth arno. A phan ddaeth ato ni chafodd ddim ond dail, oblegid nid oedd yn dymor ffigys. Dywedodd wrtho, "Peidied neb â bwyta ffrwyth ohonot ti byth mwy!" Ac yr oedd ei ddisgyblion yn gwrando. Daethant i Jerwsalem. Aeth i mewn i'r deml a dechreuodd fwrw allan y rhai oedd yn gwerthu a'r rhai oedd yn prynu yn y deml; taflodd i lawr fyrddau'r <u>cyfnewidwyr arian</u> a chadeiriau'r rhai oedd yn gwerthu colomennod, ac ni adawai i neb gludo dim trwy'r deml. A dechreuodd eu dysgu a dweud wrthynt, "Onid yw'n ysgrifenedig: 'Gelwir fy nhŷ i yn dŷ gweddi i'r holl genhedloedd, ond yr ydych chwi wedi ei wneud yn ogof lladron'?" Clywodd y prif offeiriad a'r ysgrifenyddion am hyn, a dechreusant geisio ffordd i'w ladd ef, achos yr oedd arnynt ei ofn, gan fod yr holl dyrfa wedi ei syfrdanu gan ei ddysgeidiaeth. A phan aeth hi'n hwyr aethant allan o'r ddinas. Yn y bore, wrth fynd heibio, gwelsant y ffigysbren wedi crino o'r gwraidd. Cofiodd Pedr, a dywedodd wrtho, "Rabbi, edrych, y mae'r ffigysbren a <u>felltithiaist</u> wedi crino." Atebodd Iesu hwy: "Bydded gennych ffydd yn Nuw; yn wir, rwy'n dweud wrthych, pwy bynnag a ddywed wrth y mynydd hwn, 'Coder di a bwrier di i'r môr', heb amau yn ei galon, ond credu y digwydd yr hyn a ddywed, fe'i rhoddir iddo. Gan hynny rwy'n dweud wrthych, beth bynnag oll yr ydych yn gweddïo ac yn gofyn amdano, credwch eich bod wedi ei dderbyn, ac fe'i rhoddir i chwi. A phan fyddwch ar eich traed yn gweddïo, os bydd gennych rywbeth yn erbyn unrhyw un, maddeuwch iddynt, er mwyn i'ch Tad sydd yn y nefoedd faddau i chwithau eich <u>camweddau</u>."

GEIRIAU ANODD:

Chwant:	Eisiau.
Ffigysbren:	Coeden ffigys.
Cyfnewidwyr arian:	Pobl oedd yn gwerthu math arbennig o arian i'w ddefnyddio yn y deml.
Melltithio:	Dymuno rhywbeth drwg.
Camweddau:	Pechodau

CWESTIWN 1: Gan gofio rhai o ddamhegion Iesu yn y gorffennol, beth ydych chi'n credu mae ei eiriau i'r ffigysbren yn meddwl?

CWESTIWN 2: Beth sydd yn debyg rhwng y ffigysbren a'r deml?

Dychmygwch eich bod chi eisiau bwyd ac yn sylweddoli bod cypyrddau eich cegin yn gwbl wag! Petaech chi'n gwylltio gyda'r cwpwrdd byddai eich teulu yn meddwl eich bod chi'n wallgof. Efallai wrth ddarllen geiriau Iesu i'r goeden eich bod yn meddwl ei fod yn gwneud rhywbeth tebyg yma. Ond unwaith eto mae Iesu'n defnyddio pethau fel symbolau er mwyn dysgu rhywbeth i'w ddisgyblion.

Pan aeth Iesu i'r deml, beth oedd e'n disgwyl ei weld? Dyma oedd lle mwyaf sanctaidd y grefydd Iddewig, y man lle roedd dynion yn gallu dod i addoli Duw. Dylai'r lle fod wedi bod yn llawn ffrwyth ysbrydol – pobl yn addoli Duw ac yn caru ei gilydd. Ond yr hyn mae'n ei weld yw dynion yn prynu a gwerthu gan dwyllo pobl allan o'u harian; yn defnyddio tŷ Dduw er mwyn dwyn. Wrth ddod i'r deml, gwelodd Iesu nad oedd *dim* ffrwyth ysbrydol yno, yn union fel y ffigysbren! Pan mae'r disgyblion yn gweld fod y ffigysbren wedi marw, mae Iesu yn esbonio iddyn nhw fod ffydd yn gallu cyflawni unrhyw beth.

Ond pam y mae Iesu'n rhoi'r enghraifft o daflu mynydd i mewn i'r môr? Y mynydd mae'n cyfeirio ato yw'r mynydd roedd Jerwsalem a'r deml wedi eu hadeiladu arno. Yr hyn mae Iesu yn ei ddweud yw fod trefn newydd wedi dechrau, gyda fe yn Frenin drosti. Does dim angen y deml ragor oherwydd nid yn y deml mae cwrdd â Duw nawr, ond yn Iesu Grist. Os oes gennych ffydd ynddo, ac ef yn credu fod hynny'n ddigon i'ch achub, yna gallwch daflu'r deml i ffwrdd.

Mae dau ganlyniad amlwg i'r ffydd honno. Yn gyntaf, os oes gennym ffydd yna fe wnawn ni dderbyn yr hyn rydym yn gofyn amdano. Ond natur ffydd go iawn yw meddwl yn yr un ffordd â Iesu Grist; felly os ydym yn gweddïo drwy ffydd yna fe fyddwn ni'n amlwg yn gofyn am yr hyn mae e'n credu sydd orau. Yr ail ganlyniad yw fod ein ffydd yn newid y ffordd rydym yn trin eraill. Os ydym wedi derbyn maddeuant gan Dduw, yna sut gallwn ni beidio â maddau i bobl eraill? Os ydym yn dal dig yn erbyn rhywun heb faddau iddynt, dydy hi ddim yn bosibl i weddïo drwy ffydd.

CWESTIWN 3: Pam y mae ffydd mor bwysig wrth weddïo?

CWESTIWN 4: Pam y mae maddau i eraill yn bwysig?

GWEDDIWCH am ffydd i gredu y bydd Duw yn rhoi'r hyn rydych chi'n gofyn amdano yn enw Crist.

MARC 11²⁷⁻³³

Daethant <u>drachefn</u> i Jerwsalem. Ac wrth ei fod yn cerdded yn y deml, dyma'r prif offeiriaid a'r ysgrifenyddion a'r henuriaid yn dod ato, ac meddent wrtho, "Trwy ba awdurdod yr wyt ti'n gwneud y pethau hyn? Pwy roddodd i ti'r awdurdod hwn i wneud y pethau hyn?" Dywedodd Iesu wrthynt, "Fe ofynnaf un peth i chwi; atebwch fi, ac fe ddywedaf wrthych trwy ba awdurdod yr wyf yn gwneud y pethau hyn. Bedydd Ioan, ai o'r nef yr oedd, ai o'r byd daearol? Atebwch fi." Dechreusant ddadlau â'i gilydd a dweud, "Os dywedwn, 'o'r nef', fe ddywed, 'Pam, ynteu, na chredasoch ef?' Eithr a ddywedwn, 'o'r byd daearol'?" — yr oedd arnynt ofn y dyrfa, oherwydd yr oedd pawb yn dal fod Ioan yn broffwyd mewn gwirionedd. Atebasant Iesu, "Ni wyddom ni ddim." Ac meddai Iesu wrthynt, "Ni ddywedaf finnau chwaith wrthych chwi trwy ba awdurdod yr wyf yn gwneud y pethau hyn."

GEIRIAU ANODD:

Drachefn: Unwaith eto.

CWESTIWN 1: Pam y mae Iesu fel petai'n osgoi ateb y cwestiwn yma?

CWESTIWN 2: Beth oedd yn bwysig i'r arweinwyr crefyddol, plesio Duw neu blesio dynion?

Mae'n siŵr ein bod ni i gyd wedi dod ar draws pobl sydd byth yn rhoi ateb syml. Rydych chi'n gofyn cwestiwn iddyn nhw, ac yn lle ateb maen nhw'n gofyn cwestiwn yn ôl. Mae profiad fel yna yn rhwystredig iawn, yn arbennig os yw'r ateb yn effeithio ar eich trefniadau. Dyma'r union beth sy'n digwydd yma.

Nawr fod Iesu wedi dod i mewn i Jerwsalem fel Brenin ac wedi tarfu ar yr hyn oedd yn digwydd yn y deml, mae'r arweinwyr crefyddol yn chwilio yn galetach fyth am ffordd i'w ladd. Maen nhw'n gofyn pa awdurdod oedd ganddo i wneud y pethau hyn, gan obeithio y bydd yn dweud rhywbeth y gallan nhw ei ddefnyddio yn ei erbyn.

Ond nid yw Iesu yn mynd i chwarae eu gêm nhw. Nid yw'r amser iddo farw wedi dod eto; fe sy'n rheoli'r sefyllfa, nid nhw. Felly mae'n gofyn cwestiwn iddyn nhw gyntaf. Y cwestiwn yn syml yw, o ble roedd Ioan yn cael ei awdurdod? Roedd yr arweinwyr crefyddol wedi gwrthod Ioan, ond roedd nifer fawr o'r bobl wedi credu yr hyn roedd yn ei ddweud. Felly mae Iesu wedi rhoi cwestiwn dydyn nhw ddim yn gallu ei ateb yn rhwydd heb gael eu hunain i drafferthion (sef yr union beth roedden nhw'n ceisio ei wneud iddo fe!). Os ydyn nhw'n dweud fod Ioan wedi dod oddi wrth Dduw, yna byddai hynny'n golygu bod popeth a ddywedodd am Iesu yn wir. Ond os ydyn nhw'n gwadu awdurdod Ioan, yna byddai'r holl bobl a gredodd Ioan yn troi yn eu herbyn. Er mwyn osgoi ateb maen nhw'n esgus nad ydynt yn gwybod, felly does dim rhaid i Iesu ateb chwaith.

Mae'n bwysig nad ydym yn meddwl fan hyn fod Iesu yn dwyllodrus. Mewn un ffordd mae'n ateb y cwestiwn – mae ei awdurdod ef yn dod oddi wrth Dduw, yn union fel Ioan. Ond doedden nhw ddim eisiau clywed yr ateb, dim ond dod o hyd i ffordd o gael gwared arno; a doedd Iesu ddim yn barod i hynny ddigwydd eto. Weithiau fe fydd pobl yn holi am ein ffydd, ond dydyn nhw ddim wir eisiau gwybod yr ateb. Y cyfan maen nhw ei eisiau yw ein profi yn anghywir. Ar adegau fel hyn does dim byd yn anghywir mewn gofyn cwestiynau iddyn nhw hefyd, er mwyn dangos eu rhagrith.

CWESTIWN 3: Ym mha ffyrdd mae agwedd Iesu yma yn ein helpu ni wrth i ni wynebu cwestiynau pobl eraill?

CWESTIWN 4: Pam ydych chi'n meddwl roedd yr arweinwyr yn poeni cymaint am awdurdod Crist?

GWEDDÏWCH am ddoethineb wrth geisio ateb cwestiynau ac esbonio'r newyddion da am Iesu Grist i bobl eraill.

MARC 12[1-12]

Dechreuodd lefaru wrthynt ar ddamhegion. "Fe blannodd rhywun <u>winllan</u>, a chododd glawdd o'i hamgylch, a chloddio <u>cafn</u> i'r <u>gwinwryf</u>, ac adeiladu tŵr. Gosododd hi i <u>denantiaid</u>, ac aeth oddi cartref. Pan ddaeth yn amser, anfonodd was at y tenantiaid i dderbyn ganddynt gyfran o ffrwyth y winllan. Daliasant hwythau ef, a'i guro, a'i yrru i ffwrdd yn waglaw. Anfonodd drachefn was arall atynt; trawsant hwnnw ar ei ben a'i amharchu. Ac anfonodd un arall; lladdasant hwnnw. A llawer eraill yr un fath: curo rhai a lladd y lleill. Yr oedd ganddo un eto, mab annwyl; anfonodd ef atynt yn olaf, gan ddweud, 'Fe barchant fy mab'. Ond dywedodd y tenantiaid hynny wrth ei gilydd, 'Hwn yw'r <u>etifedd</u>; dewch, lladdwn ef, a bydd yr etifeddiaeth yn eiddo i ni.' A chymerasant ef, a'i ladd, a'i fwrw allan o'r winllan. Beth ynteu a wna perchen y winllan? Fe ddaw ac fe ddifetha'r tenantiaid, ac fe rydd y winllan i eraill. Onid ydych wedi darllen yr Ysgrythur hon: 'Y maen a wrthododd yr adeiladwyr, hwn a ddaeth yn faen y gongl; gan yr Arglwydd y gwnaethpwyd hyn, ac y mae'n rhyfeddol yn ein golwg ni'?" Ceisiasant ei ddal ef, ond yr oedd arnynt ofn y dyrfa, oherwydd gwyddent mai yn eu herbyn hwy y dywedodd y ddameg. A gadawsant ef a mynd ymaith.

GEIRIAU ANODD

Gwinllan:	Lle i dyfu grawnwin.
Cafn:	Sianel.
Gwinwryf:	Lle i wasgu'r sudd o'r grawnwin.
Tenantiaid:	Pobl sy'n llogi eiddo.
Etifedd:	Person sy'n derbyn rhywbeth ar ôl marwolaeth y perchennog.

CWESTIWN 1: Pwy yw'r gwahanol gymeriadau sy'n ymddangos yn y ddameg hon?

CWESTIWN 2: Ydych chi erioed wedi taflu rhywbeth i ffwrdd, dim ond i sylweddoli ei fod yn fwy gwerthfawr nag oeddech chi'n sylweddoli?

Er ei fod wedi gwrthod ateb cwestiwn yr arweinwyr, mae Iesu'n dal i geisio esbonio iddyn nhw mai ef yw'r un roedd Duw wedi addo y byddai'n ei anfon i achub ei bobl. Mae'n gwneud hyn drwy ddefnyddio damhegion. Roedd y darlun o winllan yn un cyfarwydd iawn iddynt. Mae'n ymddangos sawl tro yn yr Hen Destament fel symbol am Israel fel pobl Dduw. Er enghraifft mae Eseia 5 yn disgrifio'r ffordd y plannodd Duw Israel fel gwinllan, ond oherwydd ei bod hi heb ddwyn ffrwyth fe gosbodd y bobl a gadael iddynt gael eu concro gan wlad arall.

Yn y ddameg hon, mae Iesu'n defnyddio'r darlun hwn er mwyn dangos sut roedd Israel wedi colli ei ffordd. Er bod Duw wedi gwneud cymaint dros y bobl yma, roedden nhw wedi troi i ffwrdd o roi gwir addoliad iddo, gan ddibynnu ar ba mor dda roedden nhw'n gallu byw. Fel y dyn a anfonodd ei weision i dderbyn o'r ffrwyth, fe anfonodd Duw broffwydi er mwyn arwain ei bobl ond fe wnaethon nhw wrthod pob un ohonynt. Yn y diwedd dyma'r dyn yn anfon ei fab, ond wnaethon nhw ei drin ef yn yr un ffordd oherwydd roedden nhw eisiau dal gafael ar eu hawdurdod. Roedd Duw yn awr wedi anfon *ei Fab ei hun*, ac eto roedden nhw'n ei wrthod. Dyma rybudd ofnadwy i'r bobl.

Mae Iesu'n eu rhybuddio fod teyrnas Dduw fel adeilad. Ar y pryd roedden nhw'n ei wrthod ef fel carreg neu fricsen nad oedd yn edrych yn ddigon da. Ond yn y pen draw byddan nhw'n sylweddoli mai ef yw'r rhan fwyaf pwysig sydd yn dal yr adeilad at ei gilydd. Os ydyn nhw'n parhau fel hyn, yna yn union fel y daeth perchennog y winllan i gosbi'r tenantiaid a rhoi'r hyn oedd ganddyn nhw i bobl eraill, mae Duw yn mynd i'w cosbi nhw am wrthod ei Fab a rhoi'r deyrnas i eraill.

CWESTIWN 3: Pam ydych chi'n meddwl y gwnaeth y tenantiaid yn y ddameg ymddwyn yn y ffordd a wnaethon nhw?

CWESTIWN 4: Pam y mae'n newyddion gwych i glywed fod perchennog y winllan wedi rhoi'r winllan i bobl eraill ar ddiwedd y stori?

GWEDDIWCH y bydd Duw yn eich helpu i fod yn ffyddlon gyda'r hyn y mae wedi ei roi i'ch gofal.

MARC 12¹³⁻¹⁷

Anfonwyd ato rai o'r Phariseaid ac o'r Herodianiaid i'w faglu ar air. Daethant, ac meddent wrtho, "Athro, gwyddom dy fod yn <u>ddiffuant</u>, ac na waeth gennyt am neb; yr wyt yn <u>ddi-dderbyn-wyneb</u>, ac yn dysgu ffordd Duw yn gwbl ddiffuant. A yw'n gyfreithlon talu treth i <u>Gesar</u>, ai nid yw? A ydym i dalu, neu beidio â thalu?" Deallodd yntau eu rhagrith, ac meddai wrthynt, "Pam yr ydych yn rhoi prawf arnaf? Dewch â darn arian yma, imi gael golwg arno." A daethant ag un, ac meddai ef wrthynt, "Llun ac <u>arysgrif</u> pwy sydd yma?" Dywedasant hwythau wrtho, "Cesar." A dywedodd Iesu wrthynt, "Talwch bethau Cesar i Gesar, a phethau Duw i Dduw." Ac yr oeddent yn rhyfeddu ato.

GEIRIAU ANODD:

Diffuant:	Heb dwyll na ragrith.
Di-dderbyn-wyneb:	Yn trin pawb yn yr un ffordd.
Cesar:	Pennaeth yr Ymerodraeth Rhufeinig.
Arysgrif:	Ysgrifen.

CWESTIWN 1: Pam y mae pobl yn gorfod talu trethi? Beth mae'n ei ddangos?

CWESTIWN 2: Beth ydych chi'n meddwl mae Duw yn haeddu ei dderbyn gennym ni?

Dychmygwch sut roedd Iesu yn teimlo wrth i'r arweinwyr crefyddol ddod nôl ato unwaith eto. Roedd ef mor amyneddgar wrth iddyn nhw ddychwelyd dro ar ôl tro, er mwyn rhoi prawf arno. Fel paffiwr sy'n cael ei guro bob rownd ond sy'n gwrthod rhoi'r gorau iddi, maen nhw'n ymosod unwaith yn rhagor. Wedi cael amser i feddwl, dyma nhw'n credu eu bod wedi dod o hyd i ffordd i'w dwyllo.

I ddechrau dyma nhw'n rhoi canmoliaeth fawr iddo. Rhag ofn iddo osgoi ateb y cwestiwn, dyma nhw'n pwysleisio'r ffaith ei fod yn dysgu ewyllys Duw yn hollol onest, heb unrhyw ots beth oedd pobl yn meddwl amdano. Yna, dyma nhw'n codi pwnc dadleuol iawn, sef a oedd hi'n iawn i bobl Dduw dalu trethi i Gesar? Roedd y Rhufeiniaid yn gofyn am arian gan bawb oedd dan eu hawdurdod, ac yn amlwg doedd yr Iddewon ddim eisiau cydnabod yr awdurdod hwnnw. Felly mae Iesu yn cael ei roi mewn sefyllfa anodd unwaith eto. Os yw e'n dweud fod angen talu treth i Gesar, yna bydd y bobl yn troi cefn arno am beidio â sefyll lan i'w gelynion Rhufeinig. Ond petai e'n dweud bod dim angen talu'r dreth, byddai modd ei gyhuddo o wrthryfel yn erbyn Rhufain.

Er bod Iesu yn gwybod beth sydd yn eu calonnau, mae yn rhoi ateb iddynt, ond nid y math o ateb roedden nhw'n ei ddisgwyl. Mae'n gofyn am gael gweld un o'r darnau arian ac yn tynnu eu sylw at y ffaith mai llun a stamp Cesar oedd arno – Cesar oedd perchen yr arian hwnnw mewn gwirionedd. Yna mae'n rhoi ateb hynod o glyfar iddynt, oherwydd gall yr ateb gael ei ddeall mewn sawl ffordd. Mewn un ystyr roedd Iesu'n dweud ei bod yn iawn i dalu arian Cesar yn ôl iddo; fyddai hyn yn plesio'r Rhufeiniaid. Ar yr un pryd gallai geiriau Iesu olygu y dylai Cesar dderbyn yr hyn roedd e'n ei haeddu – sef cosb Duw; a byddai hyn wedi plesio'r bobl.

Ond beth felly mae'n ei olygu i dalu pethau Duw i Dduw? Mae'r Beibl yn dweud ein bod ni fel pobl wedi ein creu ar lun a delw Duw – mae stamp y Creawdwr arnom ni i gyd. Felly os ef sydd wedi creu pawb a phopeth ac felly yn berchen y cyfan, yna **ef yn unig** sy'n haeddu derbyn popeth sydd gennym i'w gynnig.

CWESTIWN 3: Beth mae'n golygu yn eich bywyd chi i roi pethau Duw i Dduw?

CWESTIWN 4: O gofio mai Iesu yw'r Brenin, beth sy'n drawiadol am y ffaith fod rhaid iddo ofyn i rywun ddangos darn o arian iddo?

GWEDDÏWCH y byddwch chi'n byw mewn ffordd sy'n dangos eich bod chi wedi eich creu ar lun a delw Duw.

MARC 12¹⁸⁻²⁷

Daeth ato <u>Sadwceaid</u>, y bobl sy'n dweud nad oes dim atgyfodiad, a dechreusant ei holi. "Athro," meddent, "ysgrifennodd Moses ar ein cyfer, 'Os bydd rhywun farw, a gadael gwraig, ond heb adael plentyn, y mae ei frawd i gymryd y wraig ac i godi plant i'w frawd.' Yr oedd saith o frodyr. Cymerodd y cyntaf wraig, a phan fu ef farw ni adawodd blant. A chymerodd yr ail hi, a bu farw heb adael plant; a'r trydydd yr un modd. Ac ni adawodd yr un o'r saith blant. Yn olaf oll bu farw'r wraig hithau. Yn yr atgyfodiad, pan atgyfodant, gwraig prun ohonynt fydd hi? Oherwydd cafodd y saith hi'n wraig." Meddai Iesu wrthynt, "Onid dyma achos eich <u>cyfeiliorni</u>, eich bod heb ddeall na'r <u>Ysgrythurau</u> na gallu Duw? Oherwydd pan atgyfodant oddi wrth y meirw, ni phriodant ac ni phriodir hwy; y maent fel angylion yn y nefoedd. Ond ynglŷn â bod y meirw yn codi, onid ydych wedi darllen yn llyfr Moses, yn hanes y Berth, sut y dywedodd Duw wrtho, 'Myfi, Duw Abraham a Duw Isaac a Duw Jacob ydwyf'? Nid Duw'r meirw yw ef, ond y rhai byw. Yr ydych ymhell ar gyfeiliorn."

GEIRIAU ANODD:

Sadwceaid:	Grŵp o Iddewon crefyddol.
Cyfeiliorni:	Crwydro oddi wrth y gwirionedd.
Ysgrythurau:	Gair Duw wedi ei gofnodi gan ddynion.

CWESTIWN 1: Beth nad yw'r Sadwceaid wedi ei ddeall?
CWESTIWN 2: Beth mae Iesu yn ei olygu pan mae'n dweud fod Duw yn Dduw nid i rai marw ond i rai byw?

Dyma grŵp arall o bobl yn dod nawr i geisio twyllo Iesu. Doedd y Sadwceaid ddim yn credu fod Duw yn mynd i ddod â'i bobl nôl yn fyw ryw ddydd, ac felly maen nhw'n dod â phôs i weld os yw Iesu yn gallu ei ddatrys. Maen nhw'n gobeithio dangos fod y syniad o atgyfodiad y meirw yn un twp.

Y drefn ar y pryd oedd, petai gŵr yn marw heb gael plant, byddai ei frawd neu berthynas agos yn cymryd y wraig er mwyn cael etifeddion iddo. Felly mae'r Sadwceaid yn dychmygu sefyllfa lle mae dyn â saith brawd yn priodi gwraig ac yn marw cyn cael plant. Mae brawd y dyn yn ei chymryd hi yn wraig, ond mae ef hefyd yn marw cyn cael plant. Mae'r un peth yn digwydd nes bod yr holl frodyr wedi marw, ac yna mae'r wraig ei hun yn marw. Wrth gwrs, dydy sefyllfa fel hyn ddim yn debygol o ddigwydd. Ond cwestiwn y Sadwceaid yw, *petai* hynny'n digwydd, gwraig i bwy fydd hi yn yr atgyfodiad?

Mae Iesu yn rhoi dau ateb iddynt. Yn gyntaf mae'n delio â'r pôs. Dydy eu cwestiwn ddim yn gwneud synnwyr, oherwydd dydyn nhw ddim wedi deall beth mae'r gyfraith yn ei ddweud. Mae priodas yn gytundeb rhwng gŵr a gwraig sy'n cael ei dorri pan mae un ohonynt yn marw – mae'n rhaid bod hynny yn wir, neu byddai unrhyw un oedd yn priodi eto yn godinebu. Dydy priodas ddim yn ymestyn y tu hwnt i'r bedd, ac felly yn yr atgyfodiad fydd y fath yna o berthynas ddim yn bodoli, yn union fel yr angylion.

Ond dydy Iesu ddim yn gadael y peth yno. Mae eisiau iddyn nhw sylweddoli nid yn unig nad yw eu pôs nhw yn broblem, ond fod yr atgyfodiad yn wirionedd. Mae'n eu hatgoffa o eiriau Duw i Moses, pan ddywedodd, "Fi *yw* Duw Abraham, Isaac a Jacob." Er bod y dynion hyn wedi marw ers canrifoedd, mae'n Dduw iddyn nhw *nawr!* Does gan y crediniwr ddim byd i'w ofni gan farwolaeth, oherwydd mae ganddo sicrwydd o fywyd tragwyddol gyda Duw. Mae Iesu eisiau i bawb sylweddoli nad marwolaeth yw diwedd y stori, a bod angen deall y bydd Duw yn atgyfodi pawb ryw ddydd, er mwyn rhoi cyfrif iddo am y ffordd maen nhw wedi byw.

CWESTIWN 3: Sut mae credu yn yr atgyfodiad yn help i ni o ddydd i ddydd?

CWESTIWN 4: Ymateb Iesu yn aml iawn i'r arweinwyr crefyddol yw eu bod nhw heb ddeall yr Ysgrythur. Beth ddylai ein hymateb ni fod wrth glywed hyn?

GWEDDIWCH y bydd Duw yn eich galluogi chi
i ddeall gwir ystyr y Beibl.

MARC 12²⁸⁻³⁴

Daeth un o'r ysgrifenyddion ato, wedi eu clywed yn dadlau, ac yn gweld ei fod wedi eu hateb yn dda, a gofynnodd iddo, "Prun yw'r gorchymyn cyntaf o'r cwbl?" Atebodd Iesu, "Y cyntaf yw, 'Gwrando, O Israel, yr Arglwydd ein Duw yw'r unig Arglwydd, a <u>châr</u> yr Arglwydd dy Dduw â'th holl galon ac â'th holl enaid ac â'th holl feddwl ac â'th holl nerth.' Yr ail yw hwn, 'Câr dy gymydog fel ti dy hun.' Nid oes gorchymyn arall mwy na'r rhain." Dywedodd yr ysgrifennydd wrtho, "Da y dywedaist, Athro; gwir mai un ydyw ac nad oes Duw arall ond ef. Ac y mae ei garu ef â'r holl galon ac â'r holl ddeall ac â'r holl nerth, a charu dy gymydog fel ti dy hun, yn rhagorach na'r holl boethoffrymau a'r aberthau." A phan welodd Iesu ei fod wedi ateb yn <u>feddylgar</u>, dywedodd wrtho, "Nid wyt ymhell oddi wrth deyrnas Dduw." Ac ni feiddiai neb ei holi ddim mwy.

GEIRIAU ANODD:

Câr: Dangosa gariad.
Meddylgar: Yn ddoeth, wedi meddwl cyn ateb.

CWESTIWN 1: Beth mae'n ei olygu i addoli rhywbeth?

CWESTIWN 2: Ydych chi'n meddwl ei bod hi'n bosibl caru Duw ac eraill mewn ffordd mor eithafol?

Hyd yn hyn, y cyfan rydym wedi'i weld o'r Phariseaid, y Sadwceaid a'r ysgrifenyddion yw eu bod yn cenfigennu wrth Iesu ac yn ceisio ei dwyllo er mwyn cael gwared arno. Felly pan ydym yn clywed geiriau'r dyn hwn o'u plith, mae'n dod fel tipyn o sioc i sylweddoli efallai ei fod wir am glywed yr hyn oedd gan Iesu i'w ddweud.

Mae'n amlwg fod Iesu wedi gwneud tipyn o argraff arno yn y ffordd yr oedd wedi ateb cwestiynau eraill, felly mae'r dyn yn holi beth mae Iesu yn meddwl yw gorchymyn pwysicaf y gyfraith Iddewig. Dydy e ddim yn dweud pam mae eisiau gwybod yr ateb – efallai ei fod am sicrhau y bydd yn gwneud y peth yna, neu efallai ei fod am weld beth yw blaenoriaethau Iesu, neu mae hyd yn oed yn bosibl ei fod eisiau gweld a oedd Iesu'n cytuno â'r hyn roedd e'n ei feddwl yn barod.

Mae Iesu unwaith eto yn rhoi ateb hollol syfrdanol. Roedd Duw wedi rhoi cyfraith i'w bobl oedd yn dangos y safon berffaith roedd yn ei disgwyl ganddynt. Mewn ffordd yr hyn mae Iesu'n ei wneud yw crynhoi'r gyfraith hon i gyd i ddau orchymyn. Yn gyntaf mae'n rhaid cydnabod y gwir Dduw a'i garu i'r eithaf. Yn ail mae'n rhaid caru pobl eraill gymaint ag ydyn ni'n caru ein hunain, a'u trin nhw fel y bydden ni'n hoffi cael ein trin. Er syndod mawr, mae'r dyn yn cytuno! Mae e'n gallu gweld fod angen i'r ddau beth hyn fod yn sylfaen i'n bywyd, ac mai'r hyn mae Duw eisiau gennym ni yw ein bod yn ei addoli ac yn gwasnaethu eraill *yn ein calon* – nid ar y tu allan yn unig.

Y cwestiwn y mae'n rhaid i ni ei ofyn yw beth arall oedd gan y dyn hwn i'w ddeall? Mae Iesu yn cydnabod ei fod yn agos iawn i'r deyrnas, ond dydy e ddim yno eto. Beth sydd angen ei newid? Dydy e ddim yn ddigon i ni sylweddoli yr hyn mae Duw yn ei ofyn gennym ni, os nad ydyn ni hefyd yn sylweddoli ein bod wedi methu. Oherwydd nad ydym wedi cyrraedd safon berffaith Duw, rydym ni angen rhywun sydd wedi llwyddo er mwyn ein cynrychioli – a'r person hwnnw yw Iesu.

CWESTIWN 3: Pam ydych chi'n meddwl mai dyma'r pethau pwysicaf yng ngolwg Duw?

CWESTIWN 4: Ym mha ffyrdd ydyn ni'n gallu addoli Duw?

GWEDDÏWCH y bydd Duw yn eich galluogi i'w garu â phopeth sydd ynoch chi, a phobl eraill fel rydych yn eich caru eich hun.

MARC 12³⁵⁻³⁷

Wrth ddysgu yn y deml dywedodd Iesu, "Sut y mae'r ysgrifenyddion yn gallu dweud bod y Meseia yn Fab Dafydd? Dywedodd Dafydd ei hun, trwy'r Ysbryd Glân:

'Dywedodd yr Arglwydd wrth fy Arglwydd i, "Eistedd ar fy <u>neheulaw</u> nes imi osod dy elynion dan dy draed." '

Y mae Dafydd ei hun yn ei alw'n Arglwydd; sut felly y mae'n fab iddo?" Yr oedd y dyrfa fawr yn gwrando arno'n llawen.

GEIRIAU ANODD:

Deheulaw: Llaw dde.

CWESTIWN 1: Pa fath o berson byddech chi'n galw yn 'Arglwydd'?

CWESTIWN 2: Felly pwy fyddai'r Brenin Dafydd wedi ei alw'n Arglwydd?

Rydyn ni wedi clywed y teitl Mab Dafydd sawl tro erbyn hyn. Yn yr adran hon mae Iesu yn ceisio dangos rhywbeth rhyfeddol i'r bobl amdano ef ei hun.

Roedd y bobl yn derbyn fod y Meseia yn mynd i fod yn perthyn i Dafydd. Roedd wedi ei addo y byddai Duw yn codi rhywun o'r teulu hwnnw i fod yn Frenin. Ac yn wir, roedd Iesu yn rhan o'r teulu trwy ei dad cyfreithlon Joseff, a'i fam naturiol Mair.

Ond mae Iesu am iddyn nhw weld fod rhywbeth mwy i'w ddweud am y Meseia. Mae'n gwneud hyn drwy ddyfynnu o salm (math o gân) a ysgrifennodd Dafydd. Mae'r salm yn dweud fod Duw (yr Arglwydd) wedi dweud rhywbeth wrth berson arall sy'n cael ei alw 'fy Arglwydd'. Mae'r ail berson yma yn derbyn statws mawr wrth i Dduw ei roi i eistedd yn y lle mwyaf pwysig, ar ei law dde.

Mae Iesu'n dweud fod Duw yn siarad yn y salm â'r Meseia. Os yw Dafydd felly yn galw'r Meseia yn Arglwydd, yna mae dau beth yn wir. Yn gyntaf, er bod y Meseia yn cael ei alw'n Fab Dafydd, mae'n rhaid ei fod yn fwy pwysig na Dafydd, a chanddo fwy o awdurdod – mae'n Arglwydd ar y Brenin Dafydd hyd yn oed! Yn ail, mae'n amlwg fod y Meseia hwn roedd y bobl yn ei ddisgwyl yn bodoli gyda Duw pan gafodd y salm ei hysgrifennu. Os felly, mae'r hyn sydd gan Iesu i'w ddweud yn anhygoel. Fe yw'r Meseia sydd a mwy o nerth ac awdurdod ganddo na Dafydd. Yn fwy na hynny, cyn iddo ddod i'r byd roedd yn bodoli gyda Duw yn y nefoedd.

Beth sy'n drist yn y sefyllfa hon yw fod y bobl yn llawenhau yn y ffordd roedd Iesu'n esbonio gair Duw iddyn nhw, hyd yn oed wrth iddo sôn fod Duw yn mynd i ddarostwng ei elynion. Roedd llawer o'r rhain yn mynd i wrthod Iesu, er eu bod wedi mwynhau gwrando ar yr hyn oedd ganddo i'w ddweud.

CWESTIWN 3: Sut mae gweld yr holl ffyrdd roedd pobl wedi siarad am Iesu gannoedd o flynyddoedd cyn iddo ddod yn rhoi sicrwydd i ni?

CWESTIWN 4: Sut ddylen ni ymateb wrth glywed mai Iesu yw Duw a'i fod wedi bodoli yn y nefoedd ers cyn creu'r byd?

GWEDDÏWCH gan ddiolch i Dduw am ei Frenin sy'n mynd i gosbi pob peth drwg a'i elynion i gyd.

MARC 12³⁸⁻⁴⁴

Ac wrth eu dysgu, meddai, "Ymogelwch rhag yr ysgrifenyddion sy'n hoffi <u>rhodianna</u> mewn gwisgoedd llaes, a chael cyfarchiadau yn y marchnadoedd, a'r prif gadeiriau yn y synagogau, a'r seddau anrhydedd mewn gwleddoedd. Dyma'r rhai sy'n difa cartrefi gwragedd gweddwon, ac mewn rhagrith yn gweddïo'n faith; fe dderbyn y rhain drymach <u>dedfryd</u>." Eisteddodd i lawr gyferbyn â chist y <u>drysorfa</u>, ac yr oedd yn sylwi ar y modd yr oedd y dyrfa yn rhoi arian i mewn yn y gist. Yr oedd llawer o bobl gyfoethog yn rhoi yn helaeth. A daeth gweddw dlawd a rhoi dau ddarn bychan o bres, gwerth chwarter ceiniog. Galwodd ei ddisgyblion ato a dywedodd wrthynt, "Yn wir, rwy'n dweud wrthych fod y weddw dlawd hon wedi rhoi mwy na phawb arall sy'n rhoi i'r drysorfa. Oherwydd rhoi a wnaethant hwy i gyd o'r mwy na digon sydd ganddynt, ond rhoddodd hon o'i phrinder y cwbl oedd ganddi i fyw arno."

GEIRIAU ANODD:

Rhodiannu: Cerdded o amgylch.
Dedfryd: Penderfyniad mewn llys barn.
Trysorfa: Man i gadw arian.

CWESTIWN 1: Beth yw'r argraff rydym ni'n ei gael o'r ysgrifenyddion?
CWESTIWN 2: Beth sy'n wahanol am y wraig weddw?

Ym Marc 12:28-34 fe glywon ni beth oedd gwir addoliad – yr hyn mae Duw eisiau gennym ni mewn gwirionedd yw ei garu ef â'n holl fywyd, a charu eraill fel ni ein hunain. Heddiw rydym yn mynd i weld dau fath o berson, a cheisio gweld pwy sy'n dod agosaf at yr hyn mae Duw yn ei ddymuno.

Yr enghraifft gyntaf yw'r ysgrifenyddion. Y ffordd mae Iesu yn eu disgrifio yw fel pobl oedd yn hoffi gwisgo dillad crand, a chael pobl yn sylwi arnynt a dangos parch iddynt lle bynnag roedden nhw'n mynd. Roedden nhw'n twyllo gweddwon i roi eu holl arian i'r deml ond yn ei gadw iddynt eu hunain. Bob tro y bydden nhw'n gweddïo, yr unig beth oedd yn eu poeni oedd fod pobl yn gweld mor hir roedden nhw wrthi! Er eu bod yn ymddangos yn bobl dduwiol, barchus, oedd yn cyflawni'r gyfraith, y tu mewn roedden nhw'n gwbl farw.

Yr ail enghraifft yw'r weddw fach ddi-nod. Dydyn ni ddim yn dysgu llawer amdani, dim ond ei bod hi'n dod i roi arian at waith Duw yn y deml. Roedd y bobl o'i chwmpas yn cyfrannu symiau mawr iawn o arian. Pan ddaw ei thro hi, dim ond ychydig bach sydd ganddi i'w roi. Ond er bod gwerth yr arian yn fach, y gwir yw ei bod hi wedi rhoi popeth oedd ganddi at wasanaeth Duw ac felly hi sy'n derbyn clod Iesu.

Beth sy'n dod yn amlwg wrth edrych ar yr hanes yw mai'r hyn mae Iesu yn ei ganmol, a'r hyn mae Duw yn ei ddymuno gennym ni, yw ein bod yn rhoi'r cyfan sydd gennym iddo ef. Mae Duw yn edrych ar y galon. Efallai eich bod yn teimlo nad oes dim byd llawer gennych i'w gynnig, fod yna ddigon o bobl eraill sy'n gallu gwasnaethu Duw yn well na chi. Ond dydy hynny ddim yn wir o gwbl – aberth y wraig oedd yn dda yng ngolwg Iesu. Mae Duw yn derbyn ac yn gallu defnyddio unrhyw beth sydd gennym i'w gynnig mewn ffydd yn enw Iesu Grist.

CWESTIWN 3: Pa ddoniau mae Duw wedi eu roi i chi? Sut gallwch chi eu defnyddio er gogoniant iddo ef?

CWESTIWN 4: Oes unrhyw rhan o'ch bywyd chi lle rydych chi'n rhagrithio?

GWEDDIWCH y byddai eich bywyd i gyd yn gwbl ddiragrith ac yn cael ei fyw er clod i'r Arglwydd Iesu Grist.

Wrth iddo fynd allan o'r deml, dyma un o'i ddisgyblion yn dweud wrtho, "Edrych, Athro, y fath <u>feini</u> enfawr a'r fath adeiladau gwych!" A dywedodd Iesu wrtho, "A weli di'r adeiladau mawr yma? Ni adewir yma faen ar faen; ni bydd yr un heb ei fwrw i lawr." Fel yr oedd yn eistedd ar Fynydd yr Olewydd gyferbyn â'r deml, gofynnodd Pedr ac Iago ac Ioan ac Andreas iddo, o'r neilltu, "Dywed wrthym pa bryd y bydd hyn, a beth fydd yr arwydd pan fydd hyn oll ar ddod i ben?" A dechreuodd Iesu ddweud wrthynt, "Gwyliwch na fydd i neb eich twyllo. Fe ddaw llawer yn fy enw i gan ddweud, 'Myfi yw', ac fe dwyllant lawer. A phan glywch am ryfeloedd a sôn am ryfeloedd, peidiwch â chyffroi. Rhaid i hyn ddigwydd, ond nid yw'r diwedd eto. Oblegid <u>cyfyd</u> cenedl yn erbyn cenedl, a theyrnas yn erbyn teyrnas. Bydd daeargrynfâu mewn mannau. Bydd adegau o newyn. Dechrau'r <u>gwewyr</u> fydd hyn. A chwithau, gwyliwch eich hunain; fe'ch traddodir chwi i lysoedd, a chewch eich fflangellu mewn synagogau a'ch gosod i sefyll gerbron llywodraethwyr a brenhinoedd o'm hachos i, i ddwyn tystiolaeth yn eu gŵydd. Ond yn gyntaf rhaid i'r Efengyl gael ei chyhoeddi i'r holl genhedloedd. A phan ânt â chwi i'ch traddodi, peidiwch â phryderu ymlaen llaw beth i'w ddweud, ond pa beth bynnag a roddir i chwi y pryd hwnnw, dywedwch hynny; oblegid nid chwi sydd yn llefaru, ond yr Ysbryd Glân. Bradycha brawd ei frawd i farwolaeth, a thad ei blentyn, a chyfyd plant yn erbyn eu rhieni a pheri eu lladd. A chas fyddwch gan bawb o achos fy enw i; ond y sawl sy'n dyfalbarhau i'r diwedd a gaiff ei achub. "Ond pan welwch 'y <u>ffieiddbeth diffeithiol</u>' yn sefyll lle na ddylai fod" (dealled y darllenydd) "yna ffoed y rhai sydd yn Jwdea i'r mynyddoedd. Pwy bynnag sydd ar ben y tŷ, peidied â dod i lawr i fynd i mewn i gipio dim o'i dŷ; a phwy bynnag sydd yn y cae, peidied â throi yn ei ôl i gymryd ei fantell. Gwae'r gwragedd beichiog a'r rhai sy'n rhoi'r fron yn y dyddiau hynny! A gweddïwch na ddigwydd hyn yn y gaeaf, oblegid bydd y dyddiau hynny yn orthrymder na fu ei debyg o ddechrau'r greadigaeth a greodd Duw hyd yn awr, ac na fydd byth. Ac oni bai fod yr Arglwydd wedi byrhau'r dyddiau, ni fuasai neb byw wedi ei achub; ond er mwyn yr <u>etholedigion</u> a etholodd, fe fyrhaodd y dyddiau. Ac yna, os dywed rhywun wrthych, 'Edrych, dyma'r Meseia', neu, 'Edrych, dacw ef', peidiwch â'i gredu. Oherwydd fe gyfyd gau feseiau a gau broffwydi, a rhoddant arwyddion a rhyfeddodau i arwain ar gyfeiliorn yr etholedigion, petai hynny'n bosibl. Ond gwyliwch chwi; yr wyf wedi dweud y cwbl wrthych ymlaen llaw.

GEIRIAU ANODD:

Meini:	Cerrig.
Cyfyd:	Bydd yn codi.
Gwewyr:	Poen.
Ffieiddbeth diffeithiol:	Peth atgas sy'n dinistrio.
Etholedigion:	Y rhai mae Duw wedi eu dewis.

CWESTIWN 1: Ydych chi weithiau yn meddwl sut fydd y byd yn dod i ben?

CWESTIWN 2: Pam ydych chi'n meddwl fod Iesu'n rhybuddio ei ddisgyblion am hyn?

Mae'r adran nesaf o lyfr Marc yn un anodd i'w deall, ac rydyn ni'n mynd i edrych arni mewn dwy ran. Mae'n amlwg bod un o'r disgyblion wedi'i syfrdanu gan mor hyfryd oedd adeilad y deml. Ymateb Iesu yw dweud fod y deml yn mynd i gael ei dinistrio. Ychydig yn nes ymlaen mae grŵp bach o'r disgyblion yn gofyn iddo sut mae hyn yn mynd i ddigwydd, a sut fyddan nhw'n gwybod pan fydd diwedd amser yn dod. Mae'n bwysig sylwi felly fod yna ddau gwestiwn fan hyn.

Yn y rhan rydyn ni'n ei hystyried heddiw, mae Iesu'n delio â'r rhan gyntaf, sef pryd fydd y deml yn cael ei dinistrio. Yn y cyfnod rhwng i Iesu fynd i'r nefoedd a phan fydd e'n dod nôl i farnu'r byd, mae'n dweud fod llawer o bethau yn mynd i ddigwydd. Bydd llawer o bobl yn dod gan ddweud mai nhw yw'r Meseia; bydd llawer o ryfeloedd, daeargrynfeydd a newyn; bydd Cristnogion yn cael eu herlid; bydd yr Efengyl yn lledu drwy'r holl fyd; bydd yr Eglwys yn derbyn yr Ysbryd Glân.

Ar ben hyn i gyd, bydd y disgyblion yn gweld y 'ffieiddbeth diffeithiol'. Mae hyn yn gyfeiriad o'r Hen Destament at y cyfnod pan roddodd gelynion Israel ddelwau yn y deml ac aberthu iddyn nhw. Mae Iesu yn dweud fod hyn yn mynd i ddigwydd eto – ac yn wir, fe wnaeth y Rhufeiniaid yr union beth hynny yn y flwyddyn 70 pan wnaethon nhw ddinistrio'r deml. Roedd hyn yn gyfnod o ddioddef mawr, pan fu raid i lawer o bobl ffoi o Jerwsalem.

Sylwch nad yw Iesu yn sôn am ddyddiadau penodol, dim ond y math o beth i'w ddisgwyl. Rydyn ni'n gallu gweld fod y pethau hyn wedi digwydd yn y gorffennol, a bod rhai ohonynt yn dal i ddigwydd, ond dydyn ni ddim yn gallu dweud yn sicr pryd fydd y diwedd yn dod.

CWESTIWN 3: Sut ddylai meddwl am y pethau hyn effeithio ar ein hymddygiad ni heddiw?

CWESTIWN 4: Pam nad oes rhaid i'r Cristion boeni wrth wynebu hyn i gyd?

GWEDDIWCH y bydd yr Arglwydd yn eich cadw rhag cael eich twyllo, ac yn eich nerthu wrth wynebu pob math o ddioddef er ei fwyn.

MARC 13²⁴⁻³⁷

"Ond yn y dyddiau hynny, ar ôl y gorthrymder hwnnw, 'Tywyllir yr haul, ni rydd y lloer ei llewyrch, syrth y sêr o'r nef, ac ysgydwir y nerthoedd sydd yn y nefoedd.' A'r pryd hwnnw gwelant Fab y Dyn yn dyfod yn y cymylau gyda nerth mawr a gogoniant. Ac yna'r anfona ei angylion a chynnull ei etholedigion o'r pedwar gwynt, o eithaf y ddaear hyd at eithaf y nef. Dysgwch wers oddi wrth y ffigysbren. Pan fydd ei gangen yn ir ac yn dechrau deilio, gwyddoch fod yr haf yn agos. Felly chwithau, pan welwch y pethau hyn yn digwydd, byddwch yn gwybod ei fod yn agos, wrth y drws. Yn wir, rwy'n dweud wrthych, nid â'r genhedlaeth hon heibio nes i'r holl bethau hyn ddigwydd. Y nef a'r ddaear, ânt heibio, ond fy ngeiriau i, nid ânt heibio ddim. Ond am y dydd hwnnw neu'r awr ni ŵyr neb, na'r angylion yn y nef, na'r Mab, neb ond y Tad. Gwyliwch, byddwch effro; oherwydd ni wyddoch pa bryd y bydd yr amser. Y mae fel dyn a aeth oddi cartref, gan adael ei dŷ a rhoi awdurdod i'w weision, i bob un ei waith, a gorchymyn i'r <u>porthor</u> wylio. Byddwch wyliadwrus gan hynny — oherwydd ni wyddoch pa bryd y daw meistr y tŷ, ai gyda'r hwyr, ai ar hanner nos, ai ar ganiad y ceiliog, ai yn fore — rhag ofn iddo ddod yn ddisymwth a'ch cael chwi'n cysgu. A'r hyn yr wyf yn ei ddweud wrthych chwi, yr wyf yn ei ddweud vrth bawb: byddwch wyliadwrus."

GEIRIAU ANODD:

Porthor: Dyn sy'n gwylio'r drws.

CWESTIWN 1: Pam y mae Iesu yn dweud fod arwyddion, os nad ydyn ni'n gallu gwybod pryd bydd y diwedd yn dod?

CWESTIWN 2: Sut mae'r disgrifiad o ail-ddyfodiad Iesu yn ei holl ogoniant yn gwneud i chi deimlo?

Mae Iesu yn symud ymlaen nawr i ddweud beth fydd yn digwydd ar ddiwedd amser. Dydyn ni ddim yn sicr pa mor hir fydd y cyfnod o ddioddef, rhyfela a rhannu'r Efengyl yn para. Mae Iesu ei hun yn cyfaddef mai dim ond Duw'r Tad sy'n gwybod pryd fydd dydd y farn. Nid bwriad geiriau Iesu yma yw i'n helpu ni i weithio allan pryd yn union mae e'n mynd i ddychwelyd i'r byd. Yr hyn mae'n ei ddymuno yw ein bod ni'n byw mewn ffordd sy'n dangos ein bod ni bob amser yn barod.

Mae'r disgrifiad o Iesu Grist yn dod nôl i'r byd yn un brawychus. Bydd y pethau mwyaf rydyn ni'n gallu eu gweld – yr haul, y lleuad a'r sêr – yn mynd yn dywyll ac yn cwympo. Bydd Iesu ei hun yn dod gyda llawer o angylion a bydd y byd i gyd yn ei weld yn ei holl bŵer; Brenin y bydysawd yn ei holl ogoniant. Ac eto, er eu bod yn codi ofn arnom mewn un ffordd, mae'r geiriau hyn yn hynod o gyffrous i'r Cristion. Dyma pryd y bydd Iesu'n dod i gasglu ei holl bobl at ei gilydd, i'w tynnu nhw allan o ddioddef a thywyllwch y byd. Dyma'r dydd pan fydd pob peth drwg ac anghyfiawn yn cael ei gosbi a phan fydd y greadigaeth newydd, teyrnas Dduw, yn dod yn llawn. Mae'r hen nefoedd a'r hen ddaear yn mynd a rhai newydd yn cael eu creu lle y byddwn ni'n cael byw gyda Duw am byth.

Fel y nodwyd ddoe, mewn un ystyr mae'r holl arwyddion roedd Iesu yn sôn amdanynt wedi digwydd yn barod, ac mae rhai yn dal i ddigwydd heddiw. Gwrandewch felly ar rybudd Iesu – dydyn ni ddim yn gwybod pryd yn union mae'n mynd i ddod, ac felly mae angen i ni wneud yn siŵr ein bod yn barod ac yn disgwyl amdano i'w groesawu.

CWESTIWN 3: Ym mha ffyrdd gallwn ni fod yn wyliadwrus?

CWESTIWN 4: Petaech chi'n gwybod pryd byddai'r diwedd yn dod, sut byddai hynny'n newid y ffordd rydych chi'n byw?

GWEDDIWCH am nerth i gario ymlaen hyd y diwedd, ac y bydd pobl yn troi at Iesu cyn bod y diwedd yn dod.

Yr oedd y Pasg a gŵyl y Bara Croyw ymhen deuddydd. Ac yr oedd y prif offeiriaid a'r ysgrifenyddion yn ceisio modd i'w ddal trwy ddichell, a'i ladd. Oherwydd dweud yr oeddent, "Nid yn ystod yr ŵyl, rhag bod cynnwrf ymhlith y bobl." A phan oedd ef ym Methania, wrth bryd bwyd yn nhŷ Simon y gwahanglwyfus, daeth gwraig a chanddi ffiol alabastr o ennaint drudfawr, nard pur; torrodd y ffiol a thywalltodd yr ennaint ar ei ben ef. Ac yr oedd rhai yn ddig ac yn dweud wrth ei gilydd, "I ba beth y bu'r gwastraff hwn ar yr ennaint? Oherwydd gallesid gwerthu'r ennaint hwn am fwy na thri chant o ddarnau arian a'i roi i'r tlodion." Ac yr oeddent yn ei cheryddu. Ond dywedodd Iesu, "Gadewch iddi; pam yr ydych yn ei phoeni? Gweithred brydferth a wnaeth hi i mi. Y mae'r tlodion gyda chwi bob amser, a gallwch wneud cymwynas â hwy pa bryd bynnag y mynnwch; ond ni fyddaf fi gyda chwi bob amser. A allodd hi, fe'i gwnaeth; achubodd y blaen i eneinio fy nghorff erbyn y gladdedigaeth. Yn wir, rwy'n dweud wrthych, pa le bynnag y pregethir yr Efengyl yn yr holl fyd, adroddir hefyd yr hyn a wnaeth hon, er cof amdani." Yna aeth Jwdas Iscariot, hwnnw oedd yn un o'r Deuddeg, at y prif offeiriaid i'w fradychu ef iddynt. Pan glywsant, yr oeddent yn llawen, ac addawsant roi arian iddo. A dechreuodd geisio cyfle i'w fradychu ef.

GEIRIAU ANODD:

Gŵyl y Bara Croyw: Yn dilyn y Pasg roedd yr Iddewon yn dathlu wythnos pan nad oeddwn nhw'n bwyta bara oedd yn cynnwys lefain, er cof am y ffordd adawson nhw'r Aifft heb amser i bobi bara gyda lefain.

Dichell: Twyll.

Ffiol alabastr o ennaint drudfawr, nard pur: Llestr o bersawr drud iawn fyddai'n cael ei ddefnyddio i baratoi corff ar gyfer ei gladdu.

Achubodd y blaen: Blaenori neu rhagflaenu.

CWESTIWN 1: Beth ydych chi'n meddwl o'r hyn a wnaeth y wraig?

CWESTIWN 2: Sut mae ei hagwedd hi yn wahanol i agwedd Jwdas?

Mae amser yn mynd yn brin. Deuddydd sydd i fynd tan y Pasg. Dau ddiwrnod cyn i Iesu wynebu'r profiad mwyaf erchyll posibl ac aberthu ei fywyd drosom ni ar y groes – yr aberth mwyaf gwerthfawr erioed. Ac yn y cyfnod hwn rydyn ni'n derbyn dwy esiampl o beth oedd gwerth Iesu Grist yng ngolwg pobl.

Yr enghraifft gyntaf yw'r wraig sy'n dod ato â ffiol o bersawr tra oedd yn bwyta. Mae hi'n cymryd yr hylif drud hwn ac yn ei dywallt dros ei Brenin, gan lenwi'r stafell ag arogl hyfryd. Roedd y weithred hon yn dangos cariad a pharch mawr at Iesu, ac yn awgrymu ei bod hi'n deall mewn ffordd fod Iesu yn mynd i farw dros bobl fel hi. Beth sy'n gwneud yr holl beth yn fwy rhyfeddol fyth yw ein bod yn dysgu bod yr ennaint hwn yn costio o leia'r un faint â blwyddyn o gyflog. Doedd hi ddim yn petruso gwneud hyn dros Iesu – roedd hi'n ei weld ef yn fwy gwerthfawr nag unrhyw un arall, ac yn haeddu'r gorau y gallai ei gynnig.

Mor wahanol yw agwedd eraill oedd yn bresennol. Dydyn nhw ddim yn gallu deall pam y mae'r fenyw wedi gwneud hyn yn hytrach na rhoi'r arian at y tlodion. Maen nhw'n ei weld yn wastraff ac yn gamddefnydd llwyr o'r arian. Yn wir, ar ôl y digwyddiad hwn mae Jwdas yn mynd ac yn ei fradychu. Rydyn ni'n clywed mewn man arall yn y Testament Newydd mai Jwdas oedd yn gyfrifol am edrych ar ôl arian y disgyblion a'i fod yn dwyn peth o'r arian. Efallai mai gweld 'gwastraff' yr ennaint drud hwn a achosodd iddo fradychu Iesu yn gyfnewid am arian. Y cyfan roedd e'n ei weld yn Iesu oedd cyfle i'w wneud ei hunan yn gyfoethog ac yn bwysig, mewn unrhyw ffordd posibl.

Rhaid bod yn ofalus gyda'r geiriau hyn. Mae'n bwysig iawn ein bod yn gyfrifol wrth drin yr arian mae Duw wedi ei roi i ni a pheidio â'i wastraffu. Roedd hon yn sefyllfa arbennig, gyda Iesu yn eu plith. Ond yn awr ei fod wedi gadael y ddaear, mae'n bwysig ein bod ni yn dilyn esiampl y wraig, gan geisio ei ogoneddu drwy sicrhau ein bod yn rhoi'r gorau sydd gennym i Iesu ac edrych ar ôl ein brodyr a chwiorydd sydd mewn angen.

CWESTIWN 3: Pam ydych chi'n meddwl y gwnaeth y wraig ymddwyn fel hyn?

CWESTIWN 4: Oes gennych chi rywbeth gwerthfawr? Fyddech chi'n fodlon ei aberthu dros Iesu pe bai angen?

GWEDDIWCH am ryddid i fod yn hael gyda'ch holl eiddo, gan ogoneddu Duw a gofalu am bobl sydd mewn angen.

MARC 14^{12-26}

Ar ddydd cyntaf gŵyl y Bara Croyw, pan <u>leddid</u> oen y Pasg, dywedodd ei ddisgyblion wrtho, "I ble yr wyt ti am inni fynd i baratoi i ti, i fwyta gwledd y Pasg?" Ac anfonodd ddau o'i ddisgyblion, ac meddai wrthynt, "Ewch i'r ddinas, ac fe ddaw dyn i'ch cyfarfod, yn cario <u>stenaid</u> ô ddwr. Dilynwch ef, a dywedwch wrth ŵr y tŷ lle'r â i mewn, 'Y mae'r Athro'n gofyn, "Ble mae f'ystafell, lle yr wyf i fwyta gwledd y Pasg gyda'm disgyblion?"' Ac fe ddengys ef i chwi <u>oruwchystafell</u> fawr wedi ei threfnu'n barod; yno paratowch i ni." Aeth y disgyblion ymaith, a daethant i'r ddinas a chael fel yr oedd ef wedi dweud wrthynt, a pharatoesant wledd y Pasg. Gyda'r nos daeth yno gyda'r Deuddeg. Ac fel yr oeddent wrth y bwrdd yn bwyta, dywedodd Iesu, "Yn wir, rwy'n dweud wrthych y bydd i un ohonoch fy mradychu i, un sy'n bwyta gyda mi." Dechreusant dristáu a dweud wrtho y naill ar ôl y llall, "Nid myfi?" Dywedodd yntau wrthynt, "Un o'r Deuddeg, un sy'n gwlychu ei fara gyda mi yn y ddysgl. Y mae Mab y Dyn yn wir yn ymadael, fel y mae'n ysgrifenedig amdano, ond gwae'r dyn hwnnw y bradychir Mab y Dyn ganddo! Da fuasai i'r dyn hwnnw petai heb ei eni." Ac wrth iddynt fwyta, cymerodd fara, ac wedi bendithio fe'i torrodd a'i roi iddynt, a dweud, "Cymerwch; hwn yw fy nghorff." A chymerodd gwpan, ac wedi diolch fe'i rhoddodd iddynt, ac yfodd pawb ohono. A dywedodd wrthynt, "Hwn yw fy ngwaed i, gwaed y <u>cyfamod</u>, sy'n cael ei dywallt er mwyn llawer. Yn wir, rwy'n dweud wrthych nad yfaf byth mwy o ffrwyth y winwydden hyd y dydd hwnnw pan yfaf ef yn newydd yn nheyrnas Dduw." Ac wedi iddynt ganu emyn, aethant allan i Fynydd yr Olewydd.

GEIRIAU ANODD:

Lleddid:	Cael ei ladd.
Stenaid:	Llond llestr mawr.
Goruwchystafell:	Ystafell lan llofft.
Cyfamod:	Cytundeb.

CWESTIWN 1: Ydych chi'n meddwl roedd e'n beth da fod y disgyblion yn eu hamau eu hunain?

CWESTIWN 2: Pam ydych chi'n meddwl fod Iesu yn defnyddio bara a gwin fel darlun o'r ffordd roedd yn rhoi ei gorff a'i waed er mwyn ei bobl?

Y peth diwethaf a welson ni oedd Jwdas yn gadael Iesu a'r disgyblion, yn troi ei gefn ar y bobl oedd wedi bod fel teulu iddo ers tair blynedd, ac yn chwilio am ffordd i fradychu Iesu. Yn ei galon roedd wedi gwadu'r cwbl, er ar y tu allan roedd yn dal i edrych fel un o ddilynwyr Iesu. Ac eto, wrth ddarllen y geiriau yma, does dim amheuaeth pwy sy'n rheoli'r sefyllfa.

Rydyn ni'n gweld gwybodaeth a gallu Iesu yn y ffordd mae'n trefnu rhywle iddyn nhw ddathlu'r Pasg gyda'i gilydd. Yn hytrach nag anfon y disgyblion i ddod o hyd i rywle, mae'n gwybod y byddan nhw'n gallu dilyn dyn dieithr i'r man cywir. Yna, wrth iddyn nhw fwyta gyda'i gilydd, mae Iesu yn dangos ei fod yn gwybod yn iawn fod un ohonyn nhw yn mynd i'w fradychu. Doedd cynllwynion Jwdas ddim wedi eu cuddio rhag Iesu, nac yn syndod iddo o gwbl. Roedd hyn i gyd yn gorfod digwydd. Dyma'r ffordd roedd Duw wedi ei threfnu o'r dechrau, y ffordd roedd y proffwydi wedi dweud amdani ganrifoedd yn gynt.

Roedd yr Iddewon yn lladd oen fel aberth er mwyn cofio'r Pasg cyntaf pan wnaeth Dduw eu hachub o fod yn gaethweision yn yr Aifft. Cosbodd Duw wlad yr Aifft drwy ladd mab hynaf pob teulu, ond gwnaeth gytundeb i arbed unrhyw dŷ oedd wedi lladd oen a rhoi'r gwaed yn arwydd ar y drws. Yn awr, wrth wynebu ei farwolaeth, mae Iesu yn gwneud cytundeb newydd â'i bobl. Mae'n cymryd bara a gwin, ac yn dweud fod ei gorff yn mynd i gael ei dorri fel y bara, a'i waed yn mynd i gael ei dywallt fel y gwin. Y rheswm roedd e'n gwneud y pethau hyn oedd dros bobl eraill. Yn union fel y Pasg cyntaf pan laddwyd oen er mwyn achub pobl Dduw a'u rhyddhau o'r Aifft, roedd Iesu ar fin marw yn lle pechaduriaid er mwyn eu rhyddhau o gaethiwed a chosb pechod. Y cyfan y mae'n rhaid i ni ei wneud yw credu bod aberth Iesu yn ddigon da a bydd ei waed yn ein glanhau ni o'n holl beiau.

CWESTIWN 3: Wrth feddwl am y ffaith mai un o'r Deuddeg a fradychodd Iesu, sut ddylai hynny wneud i ni deimlo?

CWESTIWN 4: Ym mha ffyrdd mae aberth Iesu yn fwy gwerthfawr na lladd oen?

GWEDDIWCH gan ddiolch i'r Arglwydd Iesu am roi ei fywyd er mwyn achub ei bobl.

MARC 14²⁷⁻⁴²

A dywedodd Iesu wrthynt, "Fe ddaw cwymp i bob un ohonoch. Oherwydd y mae'n ysgrifenedig: 'Trawaf y bugail, a gwasgerir y defaid.' Ond wedi i mi gael fy nghyfodi af o'ch blaen chwi i Galilea." Meddai Pedr wrtho, "Er iddynt gwympo bob un, ni wnaf fi." Ac meddai Iesu wrtho, "Yn wir, rwy'n dweud wrthyt y bydd i ti heno nesaf, cyn i'r ceiliog ganu ddwywaith, fy ngwadu i deirgwaith." Ond <u>taerai</u> yntau'n fwy byth, "Petai'n rhaid imi farw gyda thi, ni'th wadaf byth." A'r un modd yr oeddent yn dweud i gyd. Daethant i le o'r enw Gethsemane, ac meddai ef wrth ei ddisgyblion, "Eisteddwch yma tra byddaf yn gweddïo." Ac fe gymerodd gydag ef Pedr ac Iago ac Ioan, a dechreuodd deimlo arswyd a thrallod dwys, ac meddai wrthynt, "Y mae f'enaid yn drist iawn hyd at farw. Arhoswch yma a gwyliwch." Aeth ymlaen ychydig, a syrthiodd ar y ddaear a gweddïo ar i'r awr, petai'n bosibl, fynd heibio iddo. "<u>Abba</u>! Dad!" meddai, "y mae pob peth yn bosibl i ti. Cymer y cwpan hwn oddi wrthyf. Eithr nid yr hyn a fynnaf fi, ond yr hyn a fynni di." Daeth yn ôl a'u cael hwy'n cysgu, ac meddai wrth Pedr, "Simon, ai cysgu yr wyt ti? Oni ellaist wylio am un awr? Gwyliwch, a gweddïwch na ddewch i gael eich profi. Y mae'r ysbryd yn barod ond y cnawd yn wan." Aeth ymaith drachefn a gweddïo, gan lefaru'r un geiriau. A phan ddaeth yn ôl fe'u cafodd hwy'n cysgu eto, oherwydd yr oedd eu llygaid yn drwm; ac ni wyddent beth i'w ddweud wrtho. Daeth y drydedd waith, a dweud wrthynt, "A ydych yn dal i gysgu a gorffwys? Dyna ddigon. Daeth yr awr; dyma Fab y Dyn yn cael ei fradychu i ddwylo pechaduriaid. Codwch ac awn. Dyma fy mradychwr yn agosáu."

GEIRIAU ANODD:

Taeru: Dweud gyda sicrwydd.

Abba: Gair sydd yn golygu tad.

CWESTIWN 1: Ar bwy ydych chi'n dibynnu wrth wynebu adegau anodd?

CWESTIWN 2: Beth mae gweddi Iesu yn ei ddangos i ni am yr hyn yr oedd yn ei wynebu?

Mae'r Beibl yn llawn rhybuddion ynglŷn â bod yn orhyderus yn ein nerth a'n gallu ein hunain. Mae'r bobl hynny sydd yn sicr ohonyn nhw eu hunain yn aml yn dysgu nad ydyn nhw ddim mor arbennig â hynny wedi'r cyfan.

Wrth i'r awr agosáu, mae Iesu yn ceisio rhybuddio ei ddisgyblion am y tro olaf beth sydd ar fin digwydd. Mae e'n mynd i gael ei ddal a'i ladd, ac fel defaid heb fugail, fyddan nhw'n rhedeg i ffwrdd. Ond does dim angen digalonni oherwydd byddan nhw'n ei weld eto wedi iddo atgyfodi.

Mae ymateb Pedr yr union beth byddech yn ei ddisgwyl ganddo. Mae'n dweud nad oes ots beth mae unrhyw un arall yn ei wneud, dydy e ddim yn mynd i adael Iesu i wynebu hyn ar ei ben ei hun, hyd yn oed os oes rhaid iddo farw hefyd. Ond mae Iesu yn dweud wrth Pedr ei fod yn mynd i'w wadu, nid unwaith neu ddwy, ond tair gwaith cyn y bore!

Wrth i Iesu sylweddoli mawredd yr hyn oedd ar fin digwydd, mae'n mynd gyda thri o'r disgyblion er mwyn gweddïo. Mae ei eiriau yn dechrau rhoi syniad i ni *mor ddychrynllyd* oedd yr hyn roedd yn ei wynebu. Meddyliwch am yr hyn rydyn ni wedi ei weld o Iesu hyd yma – doedd e byth yn ofnus a phob amser yn barod i wneud ewyllys ei Dad. Ac eto, wrth wynebu'r groes, mae'n poeni, ac yn gofyn i Dduw a oes unrhyw ffordd arall. Ond roedd ef ei hun yn gwybod mai dyma'r *unig* ffordd, ac mai dyma'r rheswm y daeth i'r byd.

Beth mae'r tri disgybl yn ei wneud wrth i Iesu gael y profiad dychrynllyd hwn? Ydyn nhw yno, yn ei gefnogi a'i gysuro? Mae'n rhaid fod Pedr yno gydag ef? Na, maen nhw i gyd yn cysgu. Dair gwaith mae Iesu yn dod atynt ac yn gweld eu bod wedi methu aros yn effro. Wynebodd ef hyn ar ei ben ei hun. Ac o'r diwedd, mae'r awr wedi dod.

CWESTIWN 3: Ydych chi erioed wedi wynebu profiad anodd ar eich pen eich hun?

CWESTIWN 4: Beth yw'r hyder rydyn ni'n ei gael wrth weld fod Iesu yn rheoli'n llwyr popeth sydd yn digwydd?

GWEDDÏWCH am nerth wrth wynebu adegau anodd, a diolchwch i Dduw ei fod bob amser gyda chi.

MARC 14⁴³⁻⁵²

Ac yna, tra oedd yn dal i siarad, dyma Jwdas, un o'r Deuddeg, yn cyrraedd, a chydag ef dyrfa yn dwyn cleddyfau a <u>phastynau</u>, wedi eu hanfon gan y prif offeiriaid a'r ysgrifenyddion a'r henuriaid. Yr oedd ei fradychwr wedi rhoi arwydd iddynt gan ddweud, "Yr un a gusanaf yw'r dyn; daliwch ef a mynd ag ef ymaith yn ddiogel." Ac yn union wedi cyrraedd, aeth ato ef a dweud, "Rabbi," a chusanodd ef. Rhoesant hwythau eu dwylo arno a'i ddal. Tynnodd rhywun o blith y rhai oedd yn sefyll gerllaw gleddyf, a thrawodd was yr archoffeiriad a thorri ei glust i ffwrdd. A dywedodd Iesu wrthynt, "Ai fel at leidr, â chleddyfau a phastynau, y daethoch allan i'm dal i? Yr oeddwn gyda chwi <u>beunydd</u>, yn dysgu yn y deml, ac ni ddaliasoch fi. Ond cyflawner yr Ysgrythurau." A gadawodd y disgyblion ef bob un, a ffoi. Ac yr oedd rhyw <u>lanc</u> yn ei ganlyn ef, yn gwisgo darn o liain dros ei gorff noeth. Cydiasant ynddo ef, ond dihangodd, gan adael y lliain a ffoi'n noeth.

GEIRIAU ANODD:

Pastynau: Darnau o bren.
Beunydd: Bob dydd.
Llanc: Dyn ifanc.

CWESTIWN 1: Ydych chi erioed wedi cael eich brifo gan rywun oedd yn dweud ei fod yn ffrind i chi?

CWESTIWN 2: Oes gennych chi unrhyw syniad pwy oedd y llanc a ddihangodd yn noeth?

Mae'n un peth pan ydym ni'n cael ein brifo gan bobl sy'n galw eu hunain yn elynion i ni, ond mae'n beth llawer gwaeth i gael ein bradychu gan un o'n ffrindiau agosaf. Ond dyna'n union sy'n digwydd i Iesu.

Mae Jwdas, un o'r disgyblion, un o'r rhai oedd yn adnabod Iesu orau, yn dod gyda milwyr er mwyn ei arestio. Rhag ofn nad yw'r milwyr yn adnabod Iesu, ac er mwyn ceisio osgoi ei wneud yn rhy amlwg beth roedd e'n ei wneud, mae Jwdas wedi trefnu ffordd o ddangos iddyn nhw pwy oedd Iesu. Fel rhyw fath o jôc creulon, yr arwydd fyddai cusan! Mae'r peth mor haerllug; mae Jwdas yn defnyddio arwydd o serch a chariad er mwyn bradychu'r Arglwydd oedd yn haeddu dim ond ei gariad.

Wrth iddyn nhw ddal Iesu, dydy'r disgyblion ddim yn gwybod beth i'w wneud. Rydym ni'n dysgu mewn man arall mai Pedr a dorrodd glust gwas yr archoffeiriad. Mae'n siŵr ei fod yn awyddus i brofi i Iesu nad oedd yn mynd i'w adael. Ond dyna sy'n digwydd. Mae pob un ohonyn nhw'n rhedeg i ffwrdd ac yn gadael eu Brenin. Mae Marc yn sôn am berson dienw arall oedd yn dilyn Iesu, oedd yn gorfod gadael ei ddillad er mwyn dianc. Allwn ni ddim fod yn sicr, ond mae'n bosibl iawn mae cyfeirio ato ei hunan mae Marc fan hyn, ond bod gormod o gywilydd ganddo i gyfaddef hynny.

Wrth i ni ddarllen yr hanes trist hwn, mae'n rhwydd iawn i ni fod yn feirniadol o'r disgyblion unwaith yn rhagor. Ond mae'n bwysig nad ydyn ni'n ein twyllo ein hunain. Petaen ni wedi bod yno, a fydden ni wedi ymddwyn yn wahanol?

Ond dyma sut roedd rhaid i bethau ddigwydd. Gwrandewch ar eiriau Iesu eto. Mae'n deall ac yn disgwyl yr hyn sy'n digwydd. Mae bron yn awgrymu nad oedd angen iddyn nhw fynd i'r fath drafferth. *Er mwyn marw* roedd e wedi dod i'r byd yn y lle cyntaf.

CWESTIWN 3: Pam ydych chi'n meddwl y daeth cymaint o bobl gydag arfau er mwyn arestio un dyn?

CWESTIWN 4: Ym mha ffyrdd ydyn ni weithiau yn gallu bod â chywilydd o Iesu? Pam nad oes angen i ni deimlo fel hyn?

GWEDDIWCH am nerth i fod yn barod i farw dros Iesu, a diolchwch iddo na fydd e fyth yn eich bradychu chi.

Aethant â Iesu ymaith at yr archoffeiriad, a daeth y prif offeiriaid oll a'r henuriaid a'r ysgrifenyddion ynghyd. Canlynodd Pedr ef o hirbell, bob cam i mewn i gyntedd yr archoffeiriad, ac yr oedd yn eistedd gyda'r gwasanaethwyr, yn <u>ymdwymo</u> wrth y tân. Yr oedd y prif offeiriaid a'r holl <u>Sanhedrin</u> yn ceisio tystiolaeth yn erbyn Iesu, i'w roi i farwolaeth, ond yn methu cael dim. Oherwydd yr oedd llawer yn rhoi camdystiolaeth yn ei erbyn, ond nid oedd eu tystiolaeth yn gyson. Cododd rhai a chamdystio yn ei erbyn, "Clywsom ni ef yn dweud, 'Mi fwriaf i lawr y deml hon o waith llaw, ac mewn tridiau mi adeiladaf un arall heb fod o waith llaw.'" Ond hyd yn oed felly nid oedd eu tystiolaeth yn gyson. Yna cododd yr archoffeiriad ar ei draed yn y canol, a holodd Iesu: "Onid atebi ddim? Beth am dystiolaeth y rhain yn dy erbyn?" Parhaodd yntau'n fud, heb ateb dim. Holodd yr archoffeiriad ef drachefn, ac meddai wrtho, "Ai ti yw'r Meseia, Mab y Bendigedig?" Dywedodd Iesu, "Myfi yw, 'ac fe welwch Fab y Dyn yn eistedd ar ddeheulaw'r Gallu ac yn dyfod gyda chymylau'r nef.'" Yna rhwygodd yr archoffeiriad ei ddillad a dweud, "Pa raid i ni wrth dystio bellach? Clywsoch ei gabledd; sut y barnwch chwi?" A'u dedfryd gytûn arno oedd ei fod yn haeddu marwolaeth. A dechreuodd rhai boeri arno a rhoi gorchudd ar ei wyneb, a'i <u>gernodio</u> a dweud wrtho, "Proffwyda." Ac ymosododd y gwasanaethwyr arno â <u>dyrnodiau</u>. Yr oedd Pedr islaw yn y cyntedd. Daeth un o forynion yr archoffeiriad, a phan welodd Pedr yn ymdwymo edrychodd arno ac meddai, "Yr oeddit tithau hefyd gyda'r Nasaread, Iesu." Ond gwadodd ef a dweud, "Nid wyf yn gwybod nac yn deall am beth yr wyt ti'n sôn." Ac aeth allan i'r porth. Gwelodd y forwyn ef, a dechreuodd ddweud wedyn wrth y rhai oedd yn sefyll yn ymyl, "Y mae hwn yn un ohonynt." Gwadodd yntau drachefn. Ymhen ychydig, dyma'r rhai oedd yn sefyll yn ymyl yn dweud wrth Pedr, "Yr wyt yn wir yn un ohonynt, achos Galilead wyt ti." Dechreuodd yntau regi a thyngu: "Nid wyf yn adnabod y dyn hwn yr ydych yn sôn amdano." Ac yna canodd y ceiliog yr ail waith. Cofiodd Pedr ymadrodd Iesu wrtho, fel y dywedodd, "Cyn i'r ceiliog ganu ddwywaith, fe'm gwedi i deirgwaith." A thorrodd i wylo.

GEIRIAU ANODD:

Ymdwymo: Ei dwymo ei hun.
Sanhedrin: Pwyllgor arweinwyr crefyddol yr Iddewon.
Cernodio: Bwrw.
Dyrnodiau: Ergydion.

CWESTIWN 1: Pryd oedd y cyfnod anoddaf yn eich bywyd chi?
CWESTIWN 2: Pam ydych chi'n meddwl y gwnaeth Pedr ddilyn Iesu?

Y cam cyntaf yn yr achos llys yn erbyn Iesu yw dod ag ef o flaen yr arweinwyr crefyddol. Maen nhw wedi bod yn edrych ymlaen at hyn ers amser hir. Roedden nhw i gyd yn chwilio am unrhyw ffordd bosibl o brofi ei fod yn haeddu marwolaeth. Dyma nhw hyd yn oed yn galw ar bobl i ddweud celwydd! Er bod y gyfraith yn glir fod dwyn camdystiolaeth yn bechod sydd i'w gosbi'n llym, maen nhw'n ceisio defnyddio hyn fel ffordd i ladd person hollol ddieuog. Yn wyneb y cyhuddiadau ffyrnig a'r twyll i gyd, dydy Iesu ddim yn dadlau. Yn ddewr mae'n cadw'n dawel, gan aros am yr hyn sydd i ddod. Pan mae'n barod, mae'n dewis ateb cwestiwn yr archoffeiriad, ac yn cydnabod y gwirionedd mai ef yw'r Brenin. Yn syth maen nhw'n penderfynu ei fod yn haeddu marwolaeth ac mae'r cam-drin yn dechrau.

Tra oedd hyn i gyd yn digwydd roedd Pedr wedi magu ychydig o hyder ac yn dilyn er mwyn gweld beth oedd yn digwydd. Chwarae teg iddo, mae'n cerdded yr holl ffordd i mewn i gyntedd yr archoffeiriad ac yn aros yno gyda'r gweision. Ond wrth i'r noson fynd yn ei blaen, mae pethau'n mynd yn waeth ac yn waeth i Pedr wrth iddo gael ei adnabod gan ryw ferch a gorfod gwadu ei fod yn un o ddilynwyr Iesu. Mae'n boenus i ddarllen ymlaen a'i glywed yn cael ei gyhuddo eto ac yn gorfod gwadu unwaith yn rhagor. Rydych chi bron yn gorfod gweiddi, "Pedr! Cofia eiriau Iesu! Paid â gwneud!" Ond wrth i ragor o bobl ei gyhuddo mae Pedr yn gwylltio ac yn dweud nad yw e'n adnabod Iesu o gwbl. Wrth i'r ceiliog ganu mae Pedr yn sylweddoli beth mae wedi ei wneud, ond mae'n rhy hwyr.

CWESTIWN 3: Sut ydych chi'n meddwl roedd Pedr yn teimlo ar ôl hyn i gyd?
CWESTIWN 4: Pam ydych chi'n meddwl yr ymatebodd Iesu i'r cwestiynau yn y ffordd y gwnaeth?

GWEDDIWCH am ddoethineb a hyder wrth i chi ateb cwestiynau gan bobl sydd yn eich gwrthwynebu.

52 - Y DIEUOG A'R EUOG

Cyn gynted ag y daeth hi'n ddydd, <u>ymgynghorodd</u> y prif offeiriaid â'r henuriaid a'r ysgrifenyddion a'r holl Sanhedrin; yna rhwymasant Iesu a mynd ag ef ymaith a'i <u>drosglwyddo</u> i Pilat. Holodd Pilat ef: "Ai ti yw Brenin yr Iddewon?" Atebodd yntau ef: "Ti sy'n dweud hynny." Ac yr oedd y prif offeiriaid yn dwyn llawer o gyhuddiadau yn ei erbyn. Holodd Pilat ef wedyn: "Onid atebi ddim? Edrych faint o gyhuddiadau y maent yn eu dwyn yn dy erbyn." Ond nid atebodd Iesu ddim mwy, er syndod i Pilat. Ar yr ŵyl yr oedd Pilat yn arfer rhyddhau iddynt un carcharor y gofynnent amdano. Ac yr oedd y dyn a elwid Barabbas yn y carchar gyda'r <u>gwrthryfelwyr</u> hynny oedd wedi <u>llofruddio</u> yn ystod y gwrthryfel. Daeth y dyrfa i fyny a dechrau gofyn i Pilat wneud yn ôl ei arfer iddynt. Atebodd Pilat hwy: "A fynnwch i mi ryddhau i chwi Frenin yr Iddewon?" Oherwydd gwyddai mai o genfigen yr oedd y prif offeiriaid wedi ei draddodi ef. Ond cyffrôdd y prif offeiriaid y dyrfa i geisio ganddo yn hytrach ryddhau Barabbas iddynt. Atebodd Pilat drachefn, ac meddai wrthynt, "Beth, ynteu, a wnaf â hwn yr ydych yn ei alw yn Frenin yr Iddewon?" Gwaeddasant hwythau yn ôl, "Croeshoelia ef." Meddai Pilat wrthynt, "Ond pa ddrwg a wnaeth ef?" Gwaeddasant hwythau yn uwch byth, "Croeshoelia ef." A chan ei fod yn awyddus i fodloni'r dyrfa, rhyddhaodd Pilat Barabbas iddynt, a thraddododd Iesu, ar ôl ei fflangellu, i'w groeshoelio.

GEIRIAU ANODD:

Ymgynghori: Trafod.
Trosglwyddo: Rhoi.
Gwrthryfelwyr: Pobl sy'n ymladd yn erbyn awdurdod.
Llofruddio: Lladd.

CWESTIWN 1: Ydych chi erioed wedi cael eich cosbi ar gam?

CWESTIWN 2: Sut ydych chi'n meddwl roedd Barabbas yn teimlo wrth glywed ei fod yn cael mynd yn rhydd?

Mae'r ceiliog wedi canu a'r bore wedi cyrraedd. Mae Iesu wedi cael ei holi drwy oriau hir y nos, wedi cydnabod mai ef yw'r Meseia, ac wedi cael ei gosbi am hynny yn barod. Roedd yr arweinwyr crefyddol un cam yn nes at gael gwared arno o'r diwedd, ond roedd un broblem arall oedd angen ei datrys. Doedd dim hawl ganddyn nhw eu hunain i ladd Iesu, ac felly roedd yn rhaid iddyn nhw berswadio yr awdurdodau Rhufeinig ei fod yn haeddu marw. Dyma nhw'n mynd â Iesu at ddyn o'r enw Pilat, sef arweinydd y Rhufeiniad, ac yn ei gyhuddo o bob math o bethau gwahanol.

Dim ond un o'r cyhuddiadau sydd o ddiddordeb i Pilat, sef a oedd Iesu yn dweud mai ef oedd Brenin yr Iddewon ac felly yn gwrthryfela yn erbyn Rhufain. Mae ymateb Iesu, "Ti sy'n dweud hynny", yn cadarnhau yr hyn mae Pilat yn ei ddweud, ac yn awgrymu fod Pilat yn gweld fod hynny yn wir. Ond mae'n amlwg nad yw Iesu'n wrthryfelwr cyffredin. Wrth iddo gael ei gyhuddo o bob math o bethau eraill mae Iesu'n aros yn dawel, er mawr syndod i Pilat.

Rydyn ni'n clywed fod Pilat yn ceisio plesio'r bobl drwy ryddhau rhywun iddyn nhw pan fyddan nhw'n dathlu'r Pasg. Mae e'n disgwyl y byddant yn gofyn am Iesu, oherwydd nad oedd wedi gwneud dim o'i le. Ond mae'r prif offeiriaid yn perswadio'r dorf i ofyn iddo ryddhau carcharor o'r enw Barabbas. Roedd y dyn yma *wedi* bod yn gwrthryfela yn erbyn Rhufain ac yn lladd pobl, ac eto roedd yn well ganddyn nhw fod hwn yn hytrach na Iesu yn mynd yn rhydd.

Dychmygwch beth oedd yn mynd trwy feddwl Barabbas. Roedd e'n gwybod ei fod am gael ei ladd, a'i fod yn gwbl euog. Yna, wrth i'r milwyr ddod i'w gell, yn hytrach na mynd ag ef i gael ei groeshoelio maen nhw'n dweud wrtho ei fod yn rhydd! Roedd yr un euog yn cael cerdded yn rhydd; roedd rhywun arall yn mynd i farw ar groes yn ei le.

CWESTIWN 3: Pam ydych chi'n meddwl fod Pilat wedi gweithredu yn y ffordd a wnaeth?

CWESTIWN 4: Ym mha ffyrdd mae profiad Barabbas yn debyg i brofiad pob un sydd wedi credu yn Iesu?

GWEDDIWCH y bydd Duw yn eich helpu chi i wneud y peth cywir ym mhob sefyllfa, ac i beidio â gwneud pethau drwg er mwyn plesio pobl eraill.

Aeth y milwyr ag ef ymaith i mewn i'r cyntedd, hynny yw, i'r Praetoriwm, a galw ynghyd yr holl <u>fintai</u>. A gwisgasant ef â <u>phorffor</u>, a phlethu coron ddrain a'i gosod am ei ben. A dechreusant ei gyfarch: "Henffych well, Frenin yr Iddewon!" Curasant ei ben â gwialen, a phoeri arno, a phlygu eu gliniau ac <u>ymgrymu</u> iddo. Ac wedi iddynt ei watwar, tynasant y porffor oddi amdano a'i wisgo ef â'i ddillad ei hun. Yna aethant ag ef allan i'w groeshoelio. Gorfodasant un oedd yn mynd heibio ar ei ffordd o'r wlad, Simon o Cyrene, tad Alexander a Rwffus, i gario ei groes ef. Daethant ag ef i'r lle a elwir Golgotha, hynny yw, o'i gyfieithu, "Lle Penglog." Cynigiasant iddo win â <u>myrr</u> ynddo, ond ni chymerodd ef. A chroeshoeliasant ef, a rhanasant ei ddillad, gan <u>fwrw coelbren</u> arnynt i benderfynu beth a gâi pob un. Naw o'r gloch y bore oedd hi pan groeshoeliasant ef. Ac yr oedd arysgrif y cyhuddiad yn ei erbyn yn dweud: "Brenin yr Iddewon." A chydag ef croeshoeliasant ddau leidr, un ar y dde ac un ar y chwith iddo. Yr oedd y rhai oedd yn mynd heibio yn ei gablu ef, gan ysgwyd eu pennau a dweud, "Oho, ti sydd am fwrw'r deml i lawr a'i hadeiladu mewn tridiau, disgyn oddi ar y groes ac achub dy hun." A'r un modd yr oedd y prif offeiriaid hefyd, ynghyd â'r ysgrifenyddion, yn ei watwar wrth ei gilydd, ac yn dweud, "Fe achubodd eraill; ni all ei achub ei hun. Disgynned y Meseia, Brenin Israel, yn awr oddi ar y groes, er mwyn inni weld a chredu." Yr oedd hyd yn oed y rhai a groeshoeliwyd gydag ef yn ei wawdio.

GEIRIAU ANODD:

Mintai:	Grŵp.
Porffor:	Lliw oedd ar y pryd yn cael ei gysylltu â phobl mewn awdurdod.
Ymgrymu:	Plygu lawr.
Myrr:	Sylwedd sy'n cael ei gynhyrchu o goed arbennig.
Bwrw coelbren:	Ffordd o wneud penderfyniad drwy hap (tebyg i rowlio deis).

CWESTIWN 1: Pam ydych chi'n meddwl fod y bobl i gyd mor greulon tuag at Iesu?

CWESTIWN 2: Beth rwystrodd yr arweinwyr crefyddol rhag gweld pwy oedd Iesu?

Ym Marc 15:1-15 fe welsom Pilat yn defnyddio'r teitl 'Brenin yr Iddewon' dair gwaith. Wrth ddechrau ei boenydio mae'r milwyr yn ei alw wrth yr enw hwnnw hefyd. Er mwyn gwneud hwyl ar ei ben dyma nhw'n rhoi gwisg o liw brenhinol iddo ac yn plygu o'i flaen. Wrth wneud hyn maen nhw'n cydnabod yr hyn rydym ni wedi ei weld dro ar ôl tro – dydy Iesu ddim yn Frenin arferol. Mae brenhinoedd fel arfer yn gwisgo coron aur; mae'r goron sy'n cael ei rhoi ar ben Iesu yn un wedi ei gwneud o ddrain. Roedd drain yn rhan o'r gosb roddodd Duw i ddyn pan syrthiodd i bechod gyntaf yng Ngardd Eden, ac yn awr mae Iesu'n dangos ei fod ef, y Brenin, yn cymryd y gosb honno ac yn mynd i ddangos ei fawredd a'i ogoniant trwyddo.

Wrth fynd ag ef allan, mae'n amlwg fod y noson hir a'r profiadau poenus wedi cael effaith ar Iesu – mae'r saer o Nasareth yn cael trafferth i gario ei groes bren. Gyda help maen nhw'n cyrraedd y man cywir, ac mae'n cael ei groeshoelio gyda dau leidr. Er i rywun gynnig gwin a myrr iddo er mwyn lleihau'r boen, mae Iesu'n gwrthod gan wybod fod rhaid iddo dderbyn y gosb yn llawn arno ef ei hun.

Eto mae'r teitl 'Brenin yr Iddewon' yn cael ei roi iddo, y tro hwn wedi ei ysgrifennu uwch ei ben. Oni bai ein bod yn sylweddoli fod Iesu yn gwybod beth roedd yn ei wneud, ac mai'r **unig** ffordd y gallai achub ei bobl oedd trwy dderbyn y gosb am eu pechodau, yna byddai'r olygfa hon yn torri ein calonnau yn llwyr. Wrth i Iesu hongian ar groes greulon, mae pawb yn gwneud hwyl ar ei ben – y Rhufeiniaid, yr Iddewon, hyd yn oed y dynion oedd yn marw yr un pryd ag ef.

Ar ddiwedd yr adran mae'r arweinwyr crefyddol yn awr yn ei alw'n Frenin Israel. Maen nhw eisiau iddo ddangos mai ef yw'r Meseia drwy ei achub ei hunan, fel yr achubodd eraill. Maen nhw mor ddall. Dyma oedd yn gorfod digwydd i'r Meseia. Wrth gwrs y byddai wedi gallu ei achub ei hunan – ond er mwyn achub eraill fe ddewisodd beidio.

CWESTIWN 3: Beth ydych chi'n meddwl oedd yn helpu Iesu wrth wynebu hyn i gyd?

CWESTIWN 4: Sut ydych chi'n teimlo wrth glywed am yr hyn a ddioddefodd Iesu er eich mwyn chi?

GWEDDIWCH y bydd Duw yn helpu chi i dderbyn Iesu fel y mae, nid fel rydych chi'n disgwyl iddo fod.

MARC 15³³⁻⁴¹

A phan ddaeth yn hanner dydd, bu tywyllwch dros yr holl wlad hyd dri o'r gloch y prynhawn. Ac am dri o'r gloch gwaeddodd Iesu â llef uchel, "Eloï, Eloï, lema sabachthani", hynny yw, o'i gyfieithu, "Fy Nuw, fy Nuw, pam yr wyt wedi fy ngadael?" O glywed hyn, meddai rhai o'r sawl oedd yn sefyll gerllaw, "Clywch, y mae'n galw ar Elias." Rhedodd rhywun a llenwi ysbwng â gwin sur a'i ddodi ar flaen <u>gwialen</u> a'i gynnig iddo i'w yfed. "Gadewch inni weld," meddai, "a ddaw Elias i'w dynnu ef i lawr." Ond rhoes Iesu lef uchel, a bu farw. A rhwygwyd llen y deml yn ddwy o'r pen i'r gwaelod. Pan welodd y <u>canwriad</u>, a oedd yn sefyll gyferbyn ag ef, mai gyda gwaedd felly y bu farw, dywedodd, "Yn wir, Mab Duw oedd y dyn hwn." Yr oedd gwragedd hefyd yn edrych o hirbell; yn eu plith yr oedd Mair Magdalen, a Mair mam Iago Fychan a Joses, a Salome, gwragedd a fu'n ei ganlyn ac yn gweini arno pan oedd yng Ngalilea, a llawer o wragedd eraill oedd wedi dod i fyny gydag ef i Jerwsalem.

GEIRIAU ANODD:

Gwialen: Polyn.
Canwriad: Milwr Rhufeinig

CWESTIWN 1: Beth mae geiriau olaf Iesu yn dangos i ni?
CWESTIWN 2: Pam ydych chi'n meddwl fod Marc yn tynnu ein sylw at eiriau'r canwriad?

Efallai erbyn hyn eich bod chi'n gobeithio bod dioddefiadau Crist bron â gorffen. Ers yr oriau yna y treuliodd yn pryderu yn yr ardd mae wedi dioddef cymaint. Mae wedi cael ei fwrw, ei boeri arno, ei watwar, ei chwipio, ei wisgo â choron ddrain, ei hoelio ar ddarn o bren a'i hongian i farw. Wrth i hyn i gyd ddigwydd mae'r bobl o'i amgylch wedi bod yn chwerthin, rhegi a gweiddi arno. Ond credwch neu beidio, mae'r gwaethaf eto i ddod.

Trwy ei fywyd roedd Iesu wedi siarad am y cariad arbennig oedd yn bodoli rhyngddo a'i Dad. Ond yn awr, wrth iddo ddioddef, a'i ddisgyblion agosaf wedi rhedeg i ffwrdd, mae Duw ei hun yn ei adael hefyd. Am y tro cyntaf erioed, dydy Iesu ddim yn teimlo presenoldeb bendithiol Duw. Nid yn unig mae Duw yn cuddio ei wyneb oddi wrtho, ond mae'n cosbi Iesu am bechodau'r byd. Wrth iddo gael ei ladd, roedd Duw yn cosbi *Iesu* am yr holl bethau drwg rydym *ni* wedi eu gwneud. Er ei fod yn gwbl berffaith a dim yn haeddu marwolaeth, fe aberthodd ei hunan er mwyn delio â'n pechodau ni.

Mae gwaith Iesu yn cael ei gyfleu yn wych wrth i ni glywed fod llen y deml wedi rhwygo o'r pen i'r gwaelod. Pwrpas y llen drwchus, enfawr yma oedd cuddio'r man arbennig lle roedd Duw wedi addo bod yn bresennol; i ddangos fod dim mynediad i bobl ddod yn syth at Dduw oherwydd eu pechod. Yr unig berson oedd yn cael mynd i mewn oedd yr archoffeiriad, unwaith y flwyddyn er mwyn aberthu dros bechodau'r bobl. Ond nawr mae'r llen wedi ei rhwygo, o'r top i lawr. Mae Duw ei hun wedi gweithredu er mwyn agor ffordd i ni ddod i mewn i'w bresenoldeb. Roedd Iesu'n gwneud gwaith archoffeiriad perffaith, yn aberthu ei hunan yn aberth perffaith dros ei bobl. Fe ddioddefodd boen uffern ei hun, a chael ei wrthod gan ei Dad, fel ein bod ni'n gallu cael perthynas ag ef.

CWESTIWN 3: Beth ydych chi'n meddwl roedd e'n ei olygu i Iesu gael ei wrthod gan y Tad?

CWESTIWN 4: Ym mha ffyrdd y gallwn ni fwynhau ein rhyddid i ddod mewn i bresenoldeb Duw?

GWEDDIWCH gan ddiolch i Iesu Grist am fod yn fodlon dioddef marwolaeth mor erchyll er mwyn i chi gael bywyd drwy gredu ynddo ef.

MARC 15^{42}-16^8

Yr oedd hi eisoes yn hwyr, a chan ei bod yn ddydd Paratoad, hynny yw, y dydd cyn y Saboth, daeth Joseff o Arimathea, cynghorwr uchel ei barch a oedd yntau'n disgwyl am deyrnas Dduw, a mentrodd fynd i mewn at Pilat a gofyn am gorff Iesu. Rhyfeddodd Pilat ei fod eisoes wedi marw, a galwodd y canwriad ato a gofyn iddo a oedd wedi marw ers meitin. Ac wedi cael gwybod gan y canwriad, rhoddodd y corff i Joseff. Prynodd yntau liain, ac wedi ei dynnu ef i lawr, a'i amdói yn y lliain, gosododd ef mewn bedd oedd wedi ei naddu o'r graig; a threiglodd faen ar ddrws y bedd. Ac yr oedd Mair Magdalen a Mair mam Joses yn edrych ym mhle y gosodwyd ef. Wedi i'r Saboth fynd heibio, prynodd Mair Magdalen, a Mair mam Iago, a Salome, beraroglau, er mwyn mynd i'w eneinio ef. Ac yn fore iawn ar y dydd cyntaf o'r wythnos, a'r haul newydd godi, dyma hwy'n dod at y bedd. Ac meddent wrth ei gilydd, "Pwy a dreigla'r maen i ffwrdd oddi wrth ddrws y bedd i ni?" Ond wedi edrych i fyny, gwelsant fod y maen wedi ei dreiglo i ffwrdd; oherwydd yr oedd yn un mawr iawn. Aethant i mewn i'r bedd, a gwelsant ddyn ifanc yn eistedd ar yr ochr dde, a gwisg laes wen amdano, a daeth arswyd arnynt. Meddai yntau wrthynt, "Peidiwch ag arswydo. Yr ydych yn ceisio Iesu, y gŵr o Nasareth a groeshoeliwyd. Y mae wedi ei gyfodi; nid yw yma; dyma'r man lle gosodasant ef. Ond ewch, dywedwch wrth ei ddisgyblion ac wrth Pedr. 'Y mae'n mynd o'ch blaen chwi i Galilea; yno y gwelwch ef, fel y dywedodd wrthych.'" Daethant allan, a ffoi oddi wrth y bedd, oherwydd yr oeddent yn crynu o arswyd. Ac ni ddywedasant ddim wrth neb, oherwydd yr oedd ofn arnynt.

GEIRIAU ANODD:

Amdói:	Lapio.
Naddu:	Cerfio.
Treiglo:	Rowlio.
Peraroglau:	Sylweddau sy'n arogli'n dda, ac yn cael eu defnyddio i baratoi corff marw.

CWESTIWN 1: Beth ydych chi'n credu oedd yn mynd trwy feddwl y gwragedd wrth iddyn nhw ddod at y bedd?

CWESTIWN 2: Beth sydd yn drawiadol am ymateb Pilat i farwolaeth Iesu?

Petai llyfr Marc wedi gorffen gyda marwolaeth Iesu, nid newyddion da fyddai mewn gwirionedd, ond hanes am ddyn arbennig a wnaeth ac a ddywedodd lawer o bethau anhygoel, ac a gafodd ei ladd am hynny. Ond nid dyna ddiwedd y stori.

Mae dyn o'r enw Joseff yn gofyn i Pilat am yr hawl i gladdu corff Iesu. Roedd croeshoelio yn gallu cymryd amser hir, ac felly roedd Pilat yn synnu fod Iesu wedi marw mor gyflym. Unwaith eto rydym yn gweld rheolaeth Iesu dros yr holl sefyllfa – er ei fod yn cael ei ladd, roedd hefyd yn *dewis* rhoi ei fywyd ac yn penderfynu'r awr y byddai'n marw. Felly gyda pharch a chariad mae Joseff yn ei lapio'n dyner mewn deunydd ac yn ei roi mewn bedd.

Wedi i'r diwrnod gorffwys orffen, daeth rhai o'r gwragedd oedd yn dilyn Iesu, at y bedd. Roedden nhw am wneud un weithred gariadus olaf i'w Brenin drwy roi peraroglau ar ei gorff fyddai'n ei gadw rhag drewi. Doedden nhw ddim yn siŵr iawn sut y gallen nhw symud y garreg drom oedd yn cau'r bedd, ond er syndod mawr iddynt, wrth gyrraedd y lle dyma nhw'n gweld fod y bedd ar agor yn barod. Mae'r syndod yn troi'n ofn wrth iddyn nhw fynd i mewn i'r bedd a gweld angel mewn gwisg lachar. Roedden nhw'n chwilio am gorff marw, ond mae'r angel yn dweud wrthyn nhw fod Iesu wedi dod nôl yn fyw! Dyma'r hyn roedd Iesu wedi ceisio ei esbonio dro ar ôl tro! Doedd dim rhaid ofni na bod yn drist wrth iddo farw, oherwydd roedd e'n mynd i godi o'r bedd. Wrth i'r Brenin Iesu godi mewn buddugoliaeth dros farwolaeth, uffern a'r diafol, roedd yn profi bod y cyfan roedd wedi ei ddweud yn wir. Ond roedd hefyd yn dangos fod Duw wedi derbyn ei aberth; ac yn yr un ffordd y cododd Iesu o'r bedd i fywyd tragwyddol mae sicrwydd y bydd pob un sy'n rhoi ei ffydd ynddo ef hefyd yn codi er mwyn treulio tragwyddoldeb gydag ef ym mhresenoldeb y Tad.

CWESTIWN 3: Ym mha ffyrdd mae atgyfodiad Iesu yn rhoi sicrwydd i ni?

CWESTIWN 4: Meddyliwch eto am bopeth rydych chi wedi ei ddysgu am y Brenin Iesu. Ydych chi'n ei garu, ac eisiau ei ddilyn bob dydd o'ch bywyd?

GWEDDÏWCH am ffydd i gredu fod Iesu nid yn unig wedi marw er mwyn derbyn y gosb am eich pechod, ond ei fod wedi atgyfodi er mwyn rhoi bywyd i chi hefyd.